视频解答版

围棋入门精练
1500题

崔 钢　宋建文　主编

提高篇

化学工业出版社

·北京·

图书在版编目（CIP）数据

围棋入门精练1500题：视频解答版. 提高篇 / 崔钢，
宋建文主编. — 北京：化学工业出版社，2022.4
　　ISBN 978-7-122-40668-2

　　Ⅰ. ①围… Ⅱ. ①崔… ②宋… Ⅲ. ①围棋 – 习题集
Ⅳ. ①G891.3-44

　　中国版本图书馆 CIP 数据核字（2022）第 015020 号

责任编辑：宋　薇　　　　　　　　　　　装帧设计：张　辉
责任校对：宋　夏　　　　　　　　　　　版式设计：水长流文化

出版发行：化学工业出版社（北京市东城区青年湖南街 13 号　邮政编码 100011）
印　　装：天津画中画印刷有限公司
710mm×1000mm　1/16　印张 11¾　字数 203 千字　2022 年 4 月北京第 1 版第 1 次印刷

购书咨询：010-64518888　　　　　　　售后服务：010-64518899
网　　址：http://www.cip.com.cn
凡购买本书，如有缺损质量问题，本社销售中心负责调换。

定　　价：49.80 元　　　　　　　　　　　　　版权所有　违者必究

前言

初学者学棋，如果想快速提高，只靠学但不练习，是远远不够的。我们来算一笔账，初学围棋，1个月上8节课，一年有12个月，共上了96节课，一节课就算足足2小时，而且一次都没有缺课，一年共学习192小时。每天24小时，192小时等于8天，只学不练，到底是学了1年还是只学了8天呢？

棋力进步速度不仅和做练习的量有关，还和学棋时的专注力、记忆力、计算力，以及习惯、抗挫折力等密切相关。著名围棋大师吴清源曾经说过：围棋就是练心，赢棋靠实力，棋艺水平高，实力才会强。牢固的基础来源于勤加练习，否则会像不打地基就在沙滩上盖房子一样，很难经得起风浪的考验。

要想在学习围棋的过程中不断进步，成为围棋高手，大量做题既是一条捷径，也是必需的基本功。通过练习，首先可以锻炼对局中的计算深度和精准度，大幅提升计算能力；其次可以提高对棋形的感知的敏锐度，增强棋感，有利于准确寻找到攻防的要点；最后可以领会"敌之要点即我之要点"的思想内涵，学会从对方的角度看问题，准确分析对方的攻防意图，拓宽行棋思路。

围棋入门阶段的不断进步，是一个从量变到质变的过程，除了保证必要的训练量以外，练习册的选择也至关重要，一本好的习题集就像一位可以提供卓越指引的好教练，能够帮助学习者提高训练的质量，快速提升棋力，提高计算能力和逻辑思维能力。

《围棋入门精练1500题》（视频解答版）分为基础篇和提高篇两册，融汇作者20余年围棋基础教学经验，专为初学围棋的学习者而设计，易学好练，根据不同要点匹配练习题，题量多且题型丰富。书中共配套了42个围棋基本概念讲解视频和1500个解答习题的动态图，扫码即可观看，不仅能够快速掌握围棋入门的要点，还能完整看到每道题的解答过程，使初学者在练习中容易获得成就感，也大幅提高了学棋的效率。

本书由崔钢、宋建文主编，参与编写的还有梁静、程春燕、李圣洁、赵原、董青青、宋煜辉。曹杰进行了教学实践及稿件的修改整理工作。

限于编写时间与精力，书中若有不妥之处，敬请指正。

编者

目录

第一章 棋的死活

第二章 中盘基础

棋的死活

一、**请判断黑棋的眼形（真眼标√，假眼标×）**

真眼和假眼
扫码看讲解

真眼和假眼：多个棋子围住一个或一个以上的交叉点，被围住的交叉点就是<u>眼</u>，棋子直线相连围成的眼是<u>真眼</u>，棋子没有直线相连围成的眼是<u>假眼</u>。

题目1 请判断黑棋的眼形

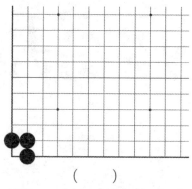

（　　　）

题目2 请判断黑棋的眼形

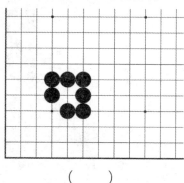

（　　　）

题目3 请判断黑棋的眼形

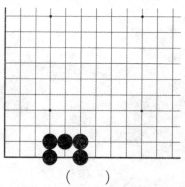

（　　　）

题目4 请判断黑棋的眼形

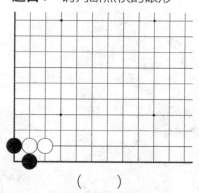

（　　　）

题目5 请判断黑棋的眼形

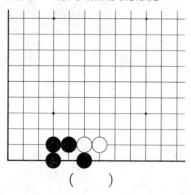

（　　　）

题目6 请判断黑棋的眼形

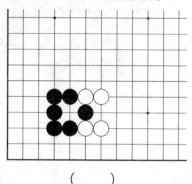

（　　　）

题目7 请判断黑棋的眼形

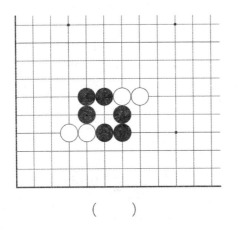

( )

题目8 请判断黑棋的眼形

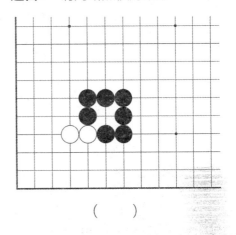

( )

题目9 请判断黑棋的眼形

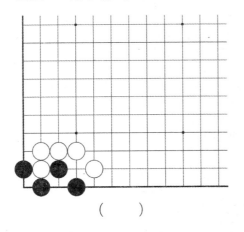

( )

题目10 请判断黑棋的眼形

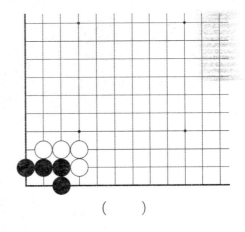

( )

扫一扫
答案立现

题目1~10 答案

题目11　请判断黑棋的眼形

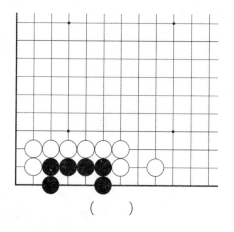

（　　）

题目12　请判断黑棋的眼形

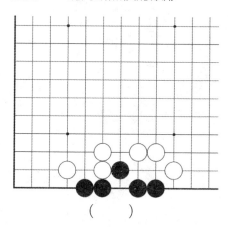

（　　）

扫一扫
答案立现

题目11和12　答案

二、做眼（黑先）

做眼：棋子围成眼做活的着法，称为<u>做眼</u>。

做眼
扫码看讲解

题目1 做眼（黑先）

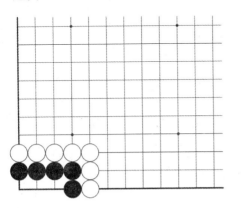

题目2 做眼（黑先）

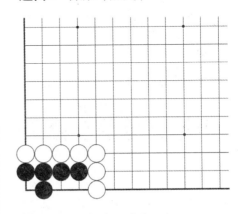

题目3 做眼（黑先）

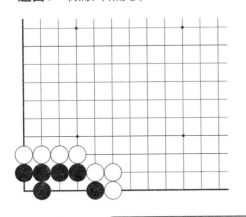

题目4 做眼（黑先）

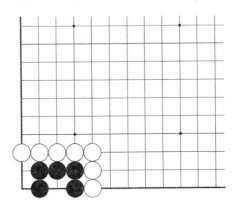

扫一扫
答案立现

题目1～4 答案

题目5 做眼（黑先）

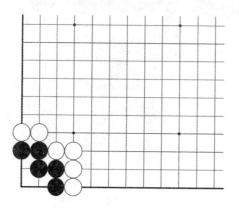

题目6 做眼（黑先）

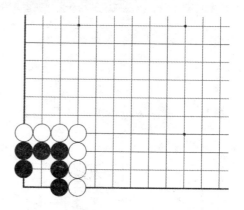

题目7 做眼（黑先）

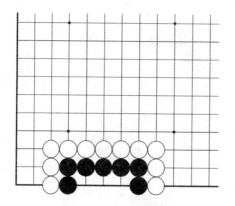

题目8 做眼（黑先）

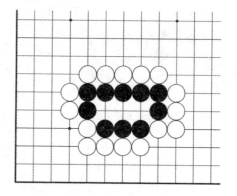

题目9 做眼（黑先）

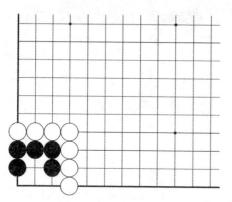

题目10 做眼（黑先）

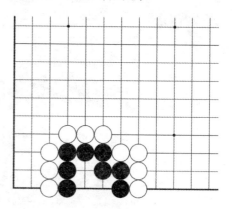

题目11 做眼（黑先）

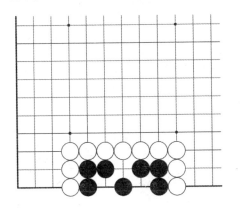

题目12 做眼（黑先）

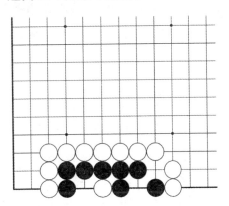

扫一扫
答案立现

题目5～12 答案

破眼
扫码看讲解

三、破眼（黑先）

破眼：破坏对方眼位的着法，称为破眼。

题目1　破眼（黑先）

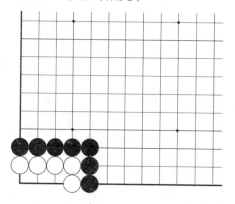

题目2　破眼（黑先）

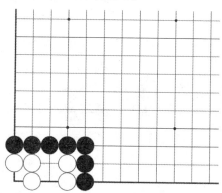

题目3　破眼（黑先）

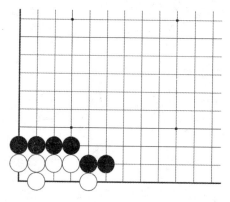

题目4　破眼（黑先）

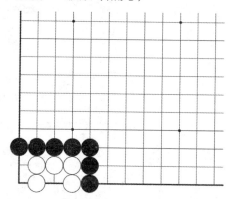

题目5　破眼（黑先）

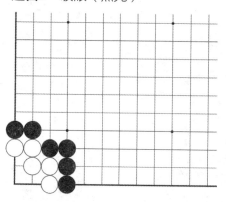

题目6　破眼（黑先）

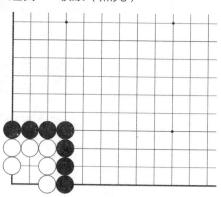

题目7 破眼（黑先）

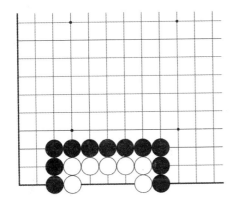

题目8 破眼（黑先）

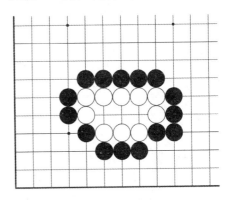

题目9 破眼（黑先）

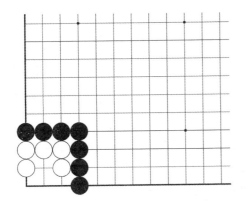

题目10 破眼（黑先）

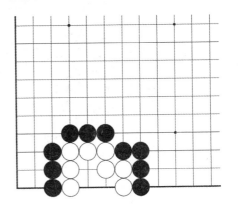

扫一扫
答案立现

题目1~10 答案

题目11　破眼（黑先）

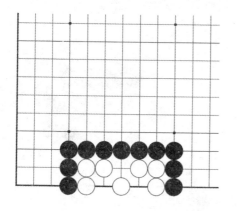

题目12　破眼（黑先）

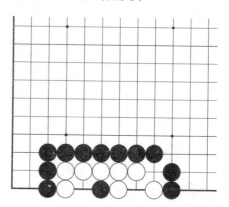

扫一扫
答案立现

题目11和12　答案

四、请判断黑棋的死活（死棋标√，活棋标×）

死棋和活棋：棋盘上一方的棋子迟早要被对方提掉，这一方的棋子就称为**死棋**。棋盘上一方的棋子无法被对方提掉，这一方的棋子就称为**活棋**。

判断黑棋的死活
扫码看讲解

题目1 请判断黑棋的死活

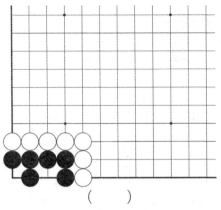

（　　）

题目2 请判断黑棋的死活

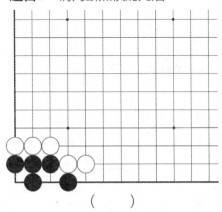

（　　）

题目3 请判断黑棋的死活

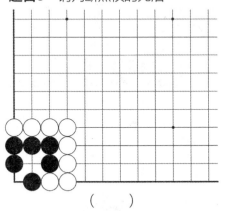

（　　）

题目4 请判断黑棋的死活

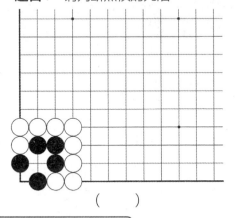

（　　）

 扫一扫
答案立现

题目1～4 答案

题目5　请判断黑棋的死活

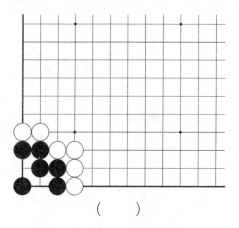

（　　　）

题目6　请判断黑棋的死活

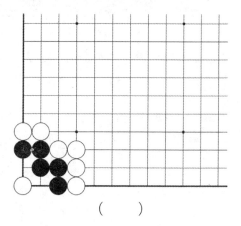

（　　　）

题目7　请判断黑棋的死活

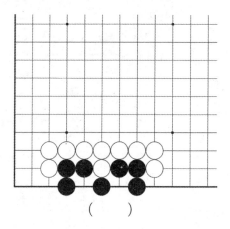

（　　　）

题目8　请判断黑棋的死活

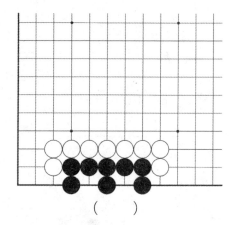

（　　　）

题目9　请判断黑棋的死活

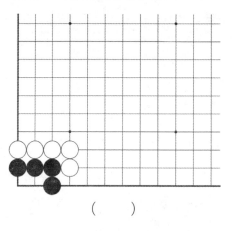

（　　　）

题目10　请判断黑棋的死活

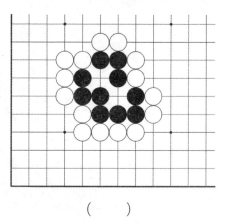

（　　　）

题目11 请判断黑棋的死活

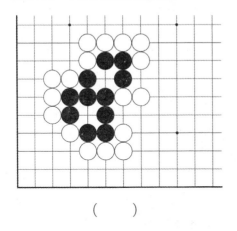

（　　）

题目12 请判断黑棋的死活

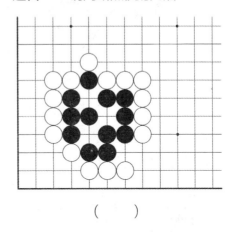

（　　）

扫一扫
答案立现

题目5~12 答案

五、常见眼形

1. 请写出黑棋眼形的名称

题目1 请写出黑棋眼形的名称

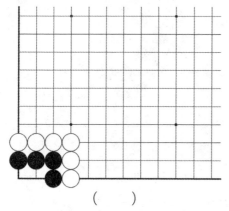

（　　）

题目2 请写出黑棋眼形的名称

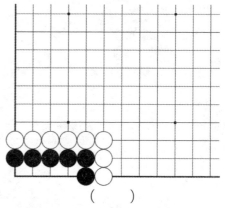

（　　）

题目3 请写出黑棋眼形的名称

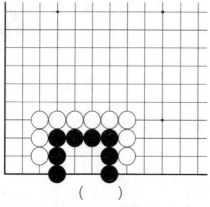

（　　）

题目4 请写出黑棋眼形的名称

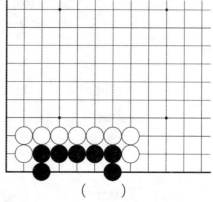

（　　）

题目5 请写出黑棋眼形的名称

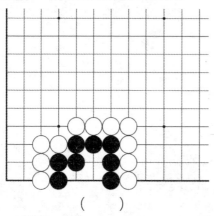

（　　）

题目6 请写出黑棋眼形的名称

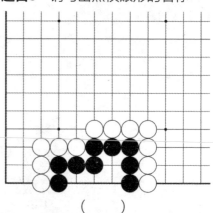

（　　）

题目7 请写出黑棋眼形的名称

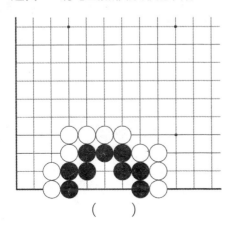

（　　　）

题目8 请写出黑棋眼形的名称

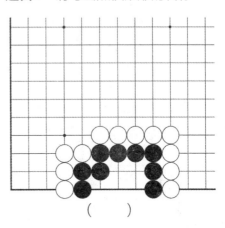

（　　　）

题目9 请写出黑棋眼形的名称

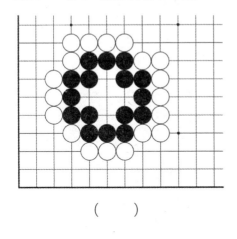

（　　　）

题目10 请写出黑棋眼形的名称

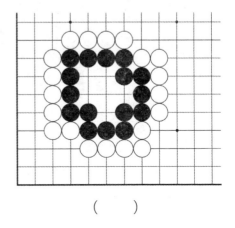

（　　　）

扫一扫
答案立现

题目1～10 答案

题目11 请写出黑棋眼形的名称

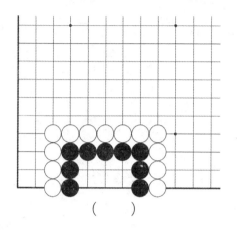

（ ）

题目12 请写出黑棋眼形的名称

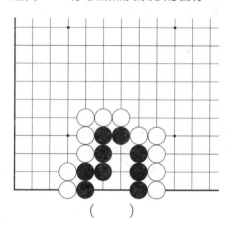

（ ）

扫一扫
答案立现

题目11和12 答案

2.常见眼形之做活（黑先）

题目1 做活（黑先）

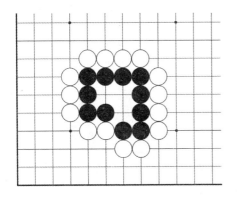

题目2 做活（黑先）

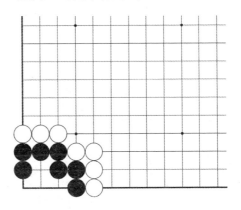

题目3 做活（黑先）

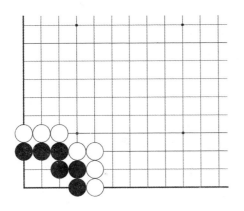

题目4 做活（黑先）

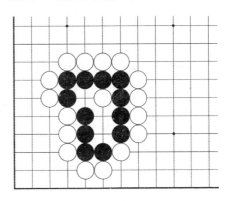

扫一扫
答案立现

题目1~4 答案

题目5 做活（黑先）

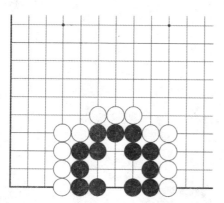

题目6 做活（黑先）

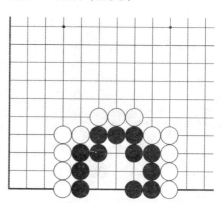

扫一扫
答案立现

≫

题目5和6 答案

3. 常见眼形之杀棋（黑先）

题目1 杀棋（黑先）

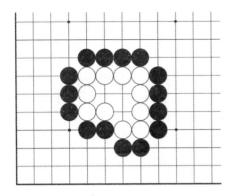

题目2 杀棋（黑先）

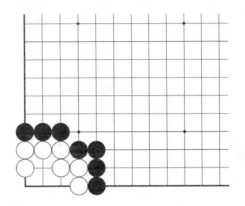

题目3 杀棋（黑先）

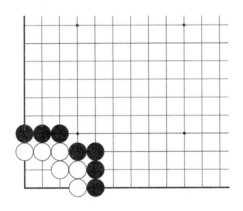

题目4 杀棋（黑先）

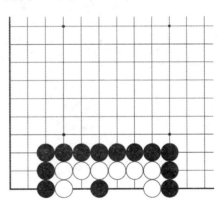

扫一扫
答案立现

题目1~4 答案

题目5 杀棋（黑先）

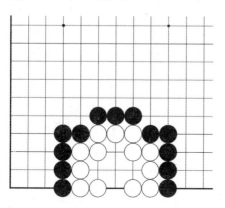

题目6 杀棋（黑先）

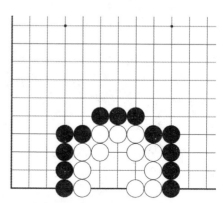

扫一扫
答案立现

题目5和6 答案

六、死活题（黑先）

1. 黑先做活

题目1 黑先做活

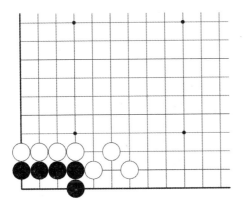

题目2 黑先做活

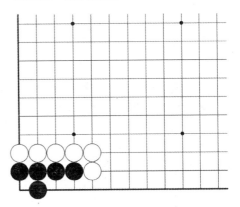

题目3 黑先做活

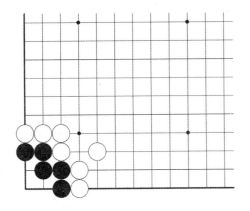

题目4 黑先做活

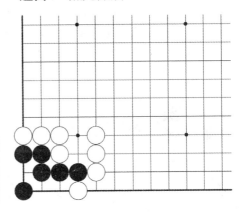

扫一扫
答案立现

题目1～4 答案

题目5 黑先做活

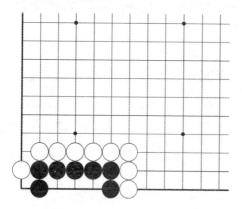

题目6 黑先做活

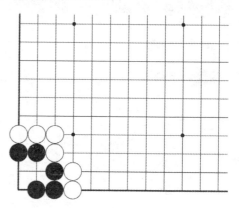

题目7 黑先做活

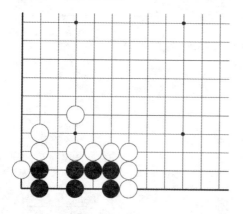

题目8 黑先做活

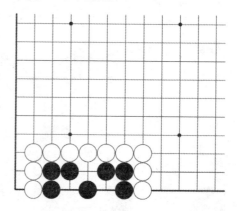

题目9 黑先做活

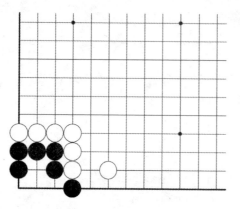

题目10 黑先做活

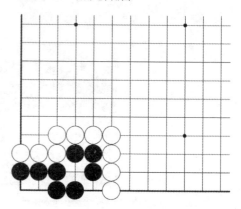

题目11 黑先做活

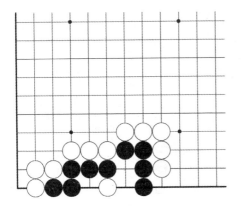

题目12 黑先做活

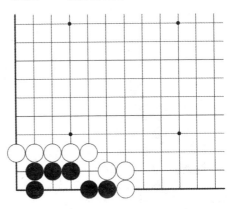

题目13 黑先做活

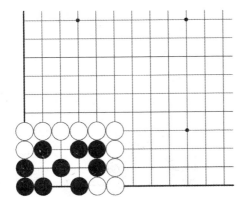

题目14 黑先做活

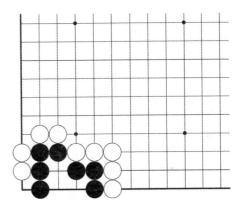

扫一扫
答案立现

题目5～14 答案

题目15 黑先做活

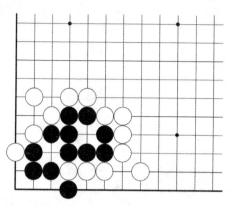

题目16 黑先做活

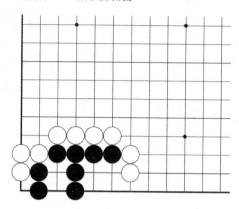

题目17 黑先做活

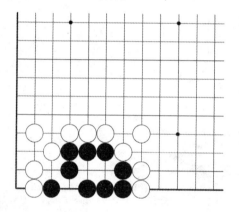

题目18 黑先做活

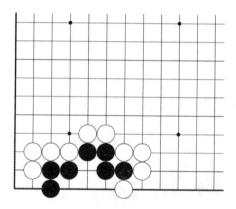

题目19 黑先做活

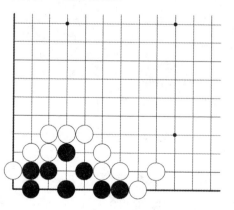

题目20 黑先做活

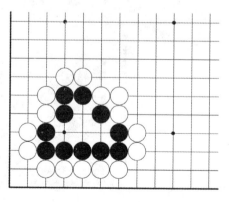

题目21 黑先做活

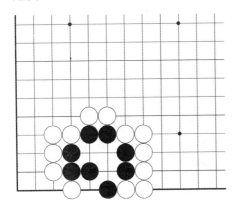

题目22 黑先做活

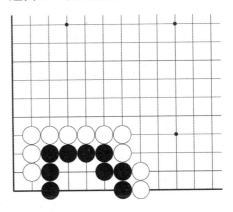

题目23 黑先做活

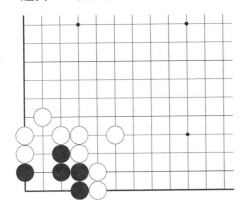

题目24 黑先做活

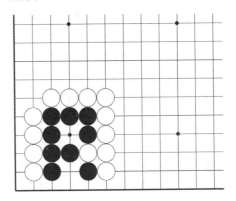

扫一扫
答案立现

题目15~24 答案

题目25 黑先做活

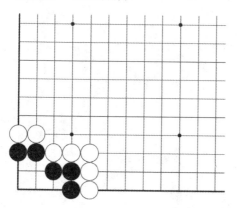

题目26 黑先做活

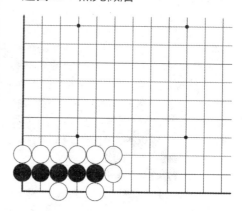

题目27 黑先做活

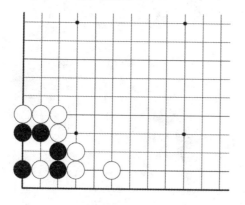

题目28 黑先做活

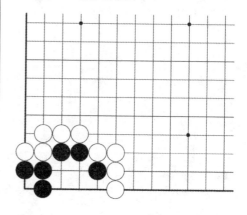

题目29 黑先做活

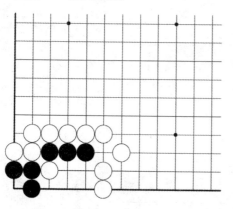

题目30 黑先做活

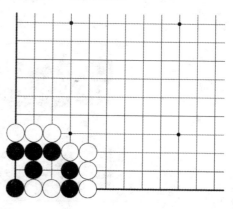

题目31 黑先做活

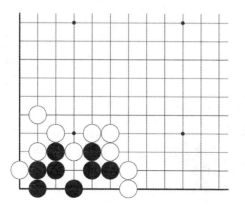

题目32 黑先做活

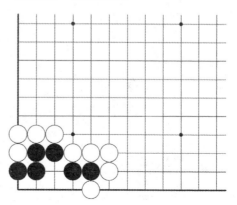

题目33 黑先做活

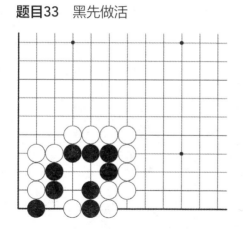

题目34 黑先做活

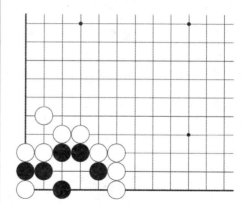

扫一扫
答案立现

题目25～34 答案

题目35 黑先做活

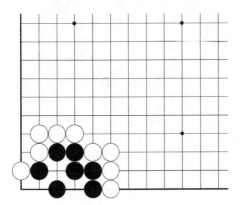

题目36 黑先做活

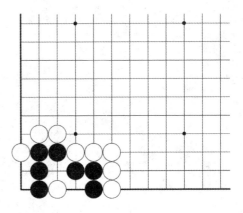

题目37 黑先做活

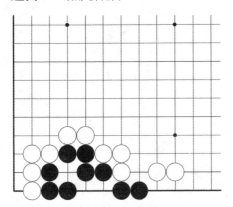

题目38 黑先做活

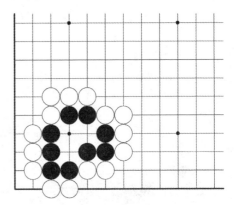

题目39 黑先做活

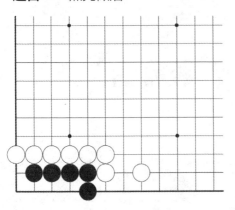

题目40 黑先做活

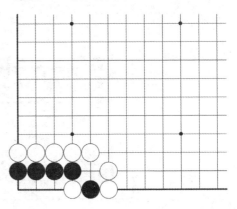

题目41 黑先做活

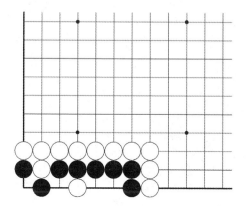

题目42 黑先做活

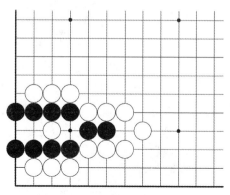

题目43 黑先做活

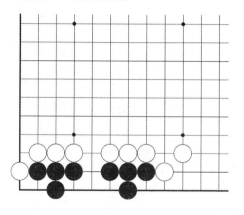

题目44 黑先做活

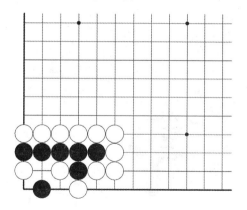

扫一扫
答案立现

题目35～44 答案

题目45　黑先做活

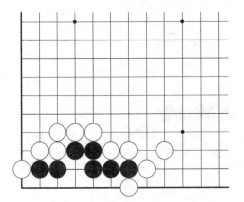

题目46　黑先做活

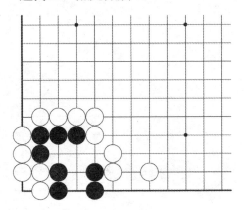

题目47　黑先做活

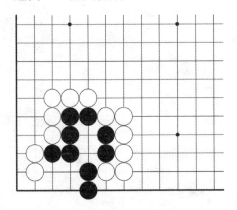

题目48　黑先做活

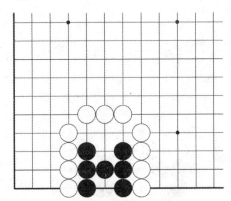

题目49　黑先做活

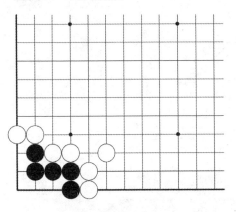

题目50　黑先做活

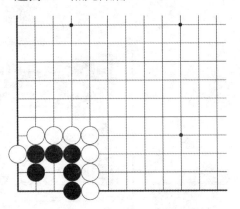

题目51 黑先做活

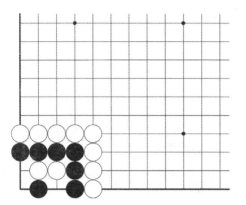

题目52 黑先做活

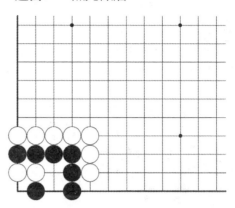

题目53 黑先做活

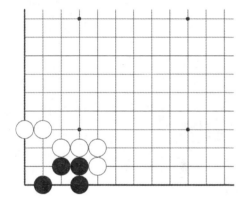

题目54 黑先做活

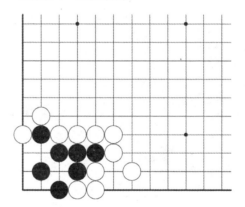

扫一扫
答案立现

题目45～54 答案

题目55 黑先做活

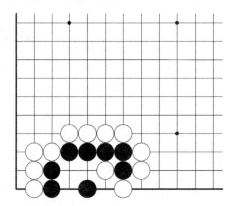

题目56 黑先做活

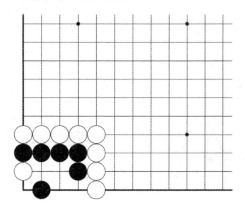

题目57 黑先做活

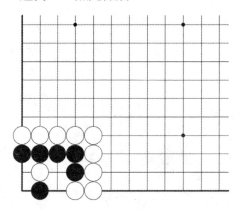

题目58 黑先做活

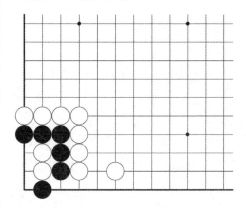

题目59 黑先做活

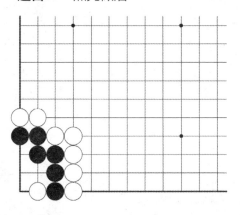

题目60 黑先做活

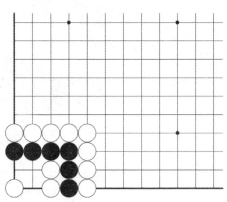

题目61　黑先做活

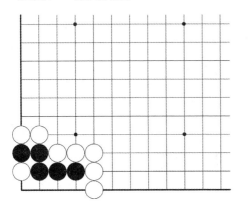

题目62　黑先做活

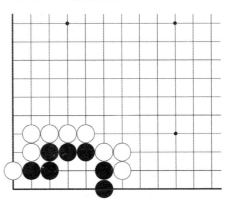

题目63　黑先做活

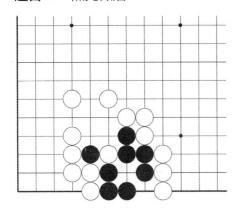

题目64　黑先做活

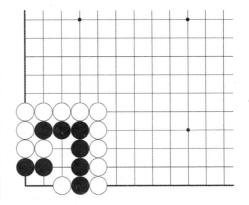

扫一扫
答案立现

题目55～64 答案

题目65 黑先做活

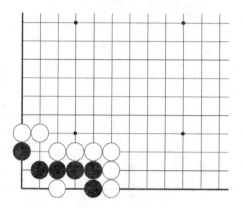

题目66 黑先做活

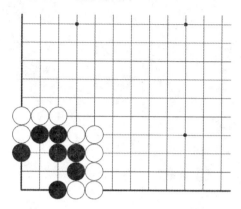

题目67 黑先做活

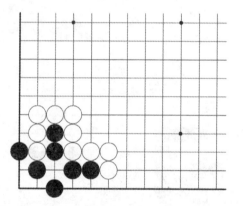

题目68 黑先做活

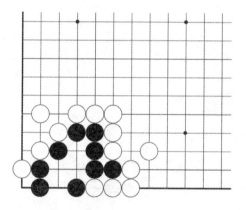

题目69 黑先做活

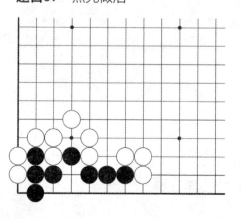

题目70 黑先做活

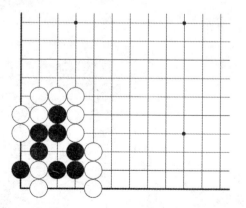

题目71 黑先做活

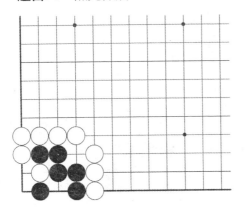

题目72 黑先做活

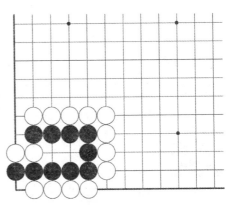

题目73 黑先做活

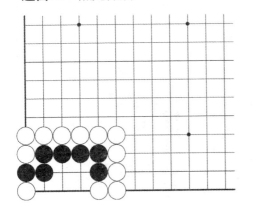

题目74 黑先做活

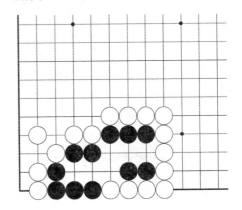

扫一扫
答案立现

题目65~74 答案

题目75 黑先做活

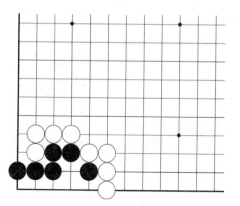

题目76 黑先做活

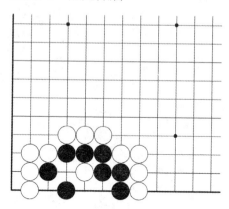

题目77 黑先做活

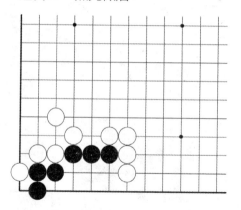

题目78 黑先做活

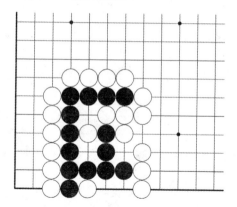

题目79 黑先做活

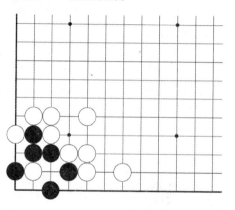

题目80 黑先做活

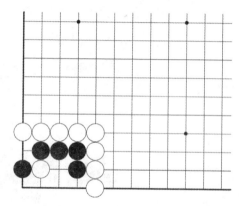

题目81 黑先做活

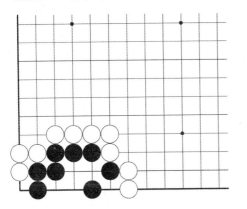

题目82 黑先做活

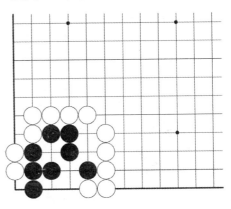

题目83 黑先做活

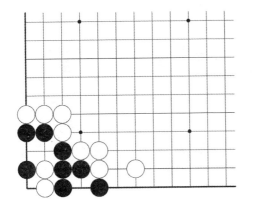

题目84 黑先做活

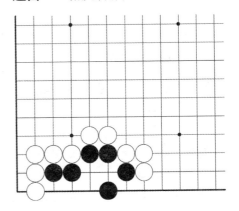

扫一扫
答案立现

题目75~84 答案

题目85 黑先做活

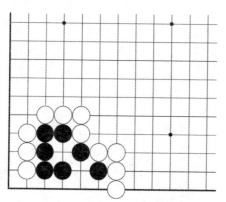

题目86 黑先做活

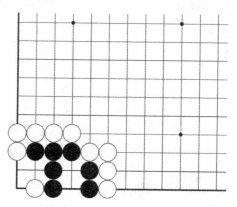

题目87 黑先做活

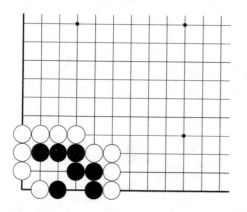

题目88 黑先做活

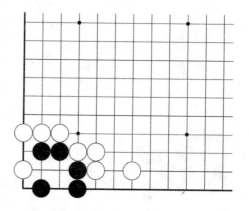

题目89 黑先做活

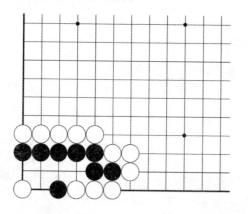

题目90 黑先做活

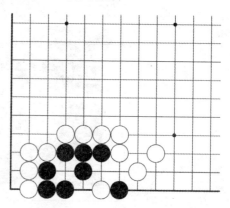

题目91 黑先做活

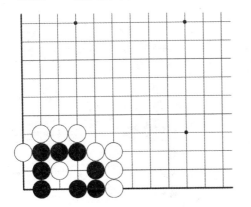

题目92 黑先做活

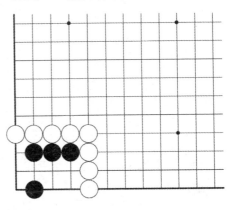

题目93 黑先做活

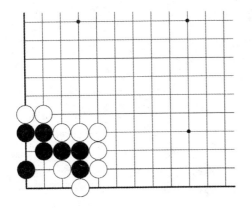

题目94 黑先做活

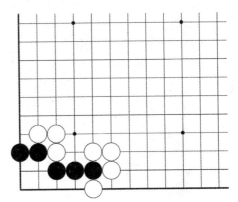

扫一扫
答案立现

题目85～94 答案

题目95 黑先做活

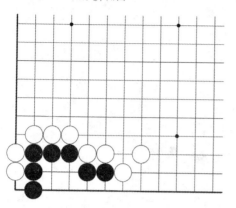

题目96 黑先做活

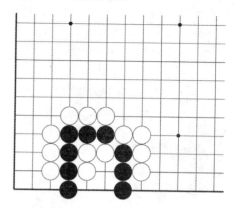

题目97 黑先做活

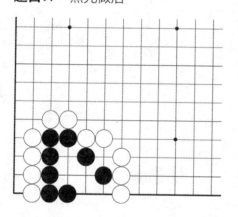

题目98 黑先做活

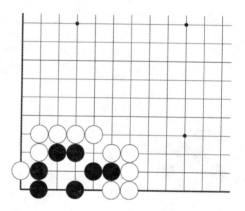

题目99 黑先做活

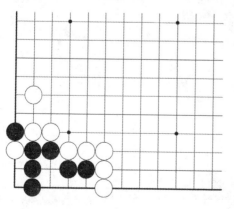

题目100 黑先做活

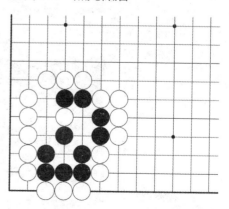

题目101 黑先做活

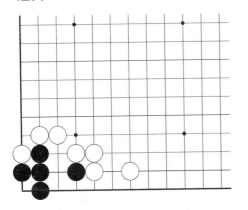

题目102 黑先做活

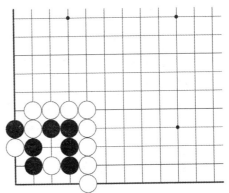

题目103 黑先做活

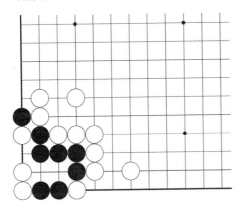

题目104 黑先做活

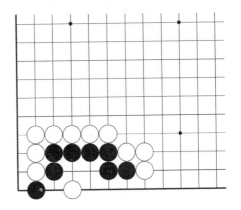

扫一扫
答案立现

题目95～104 答案

题目105 黑先做活

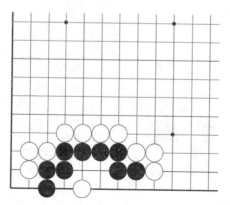

题目106 黑先做活

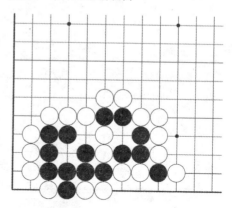

题目107 黑先做活

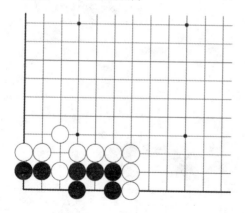

题目108 黑先做活

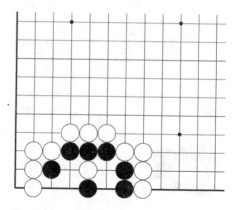

题目109 黑先做活

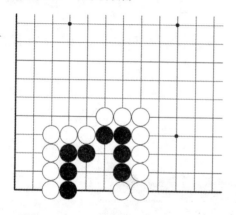

题目110 黑先做活

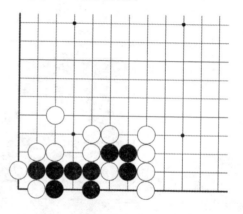

题目111 黑先做活

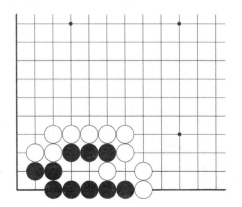

题目112 黑先做活

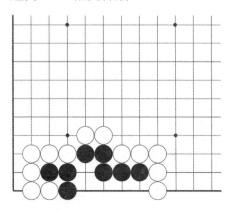

题目113 黑先做活

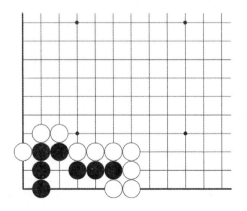

题目114 黑先做活

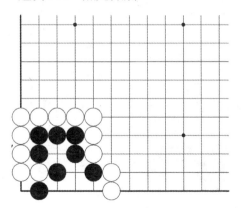

扫一扫
答案立现

题目105～114 答案

题目115　黑先做活

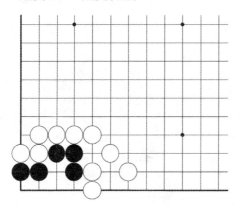

题目116　黑先做活

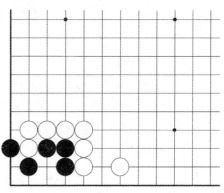

题目117　黑先做活

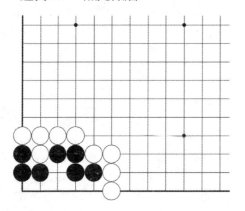

题目118　黑先做活

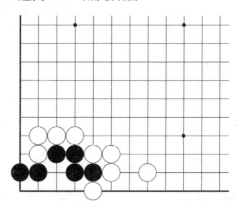

扫一扫
答案立现

题目115～118 答案

题目119 黑先做活

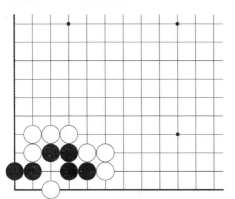

题目120 黑先做活

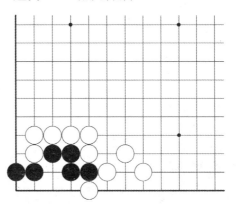

扫一扫
答案立现

题目119和120 答案

2. 黑先白死

题目1 黑先白死

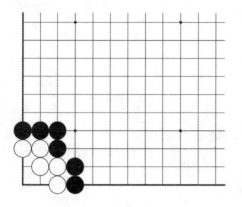

题目2 黑先白死

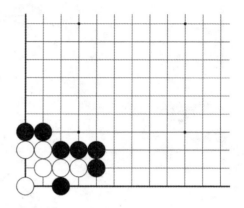

题目3 黑先白死

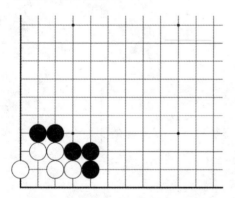

题目4 黑先白死

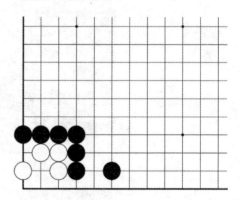

题目5 黑先白死

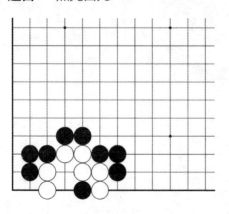

题目6 黑先白死

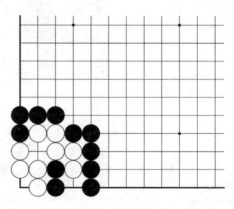

题目7 黑先白死

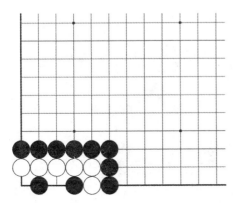

题目8 黑先白死

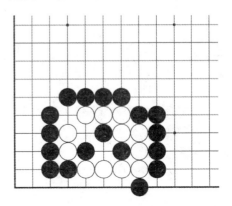

题目9 黑先白死

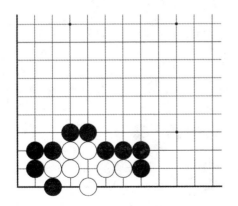

题目10 黑先白死

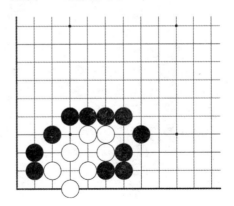

扫一扫
答案立现

题目1～10 答案

题目11　黑先白死

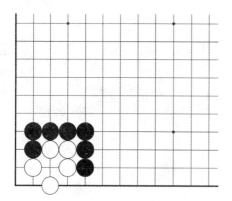

题目12　黑先白死

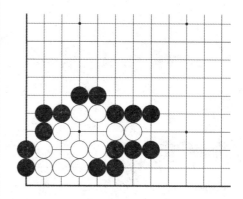

题目13　黑先白死

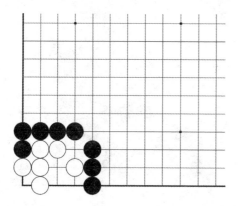

题目14　黑先白死

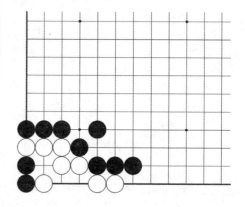

题目15　黑先白死

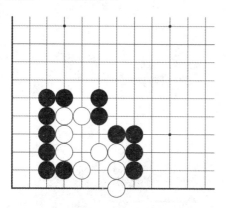

题目16　黑先白死

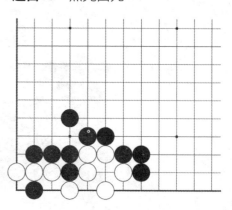

题目17　黑先白死

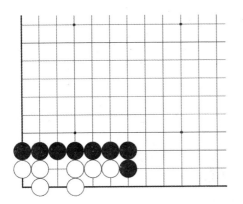

题目18　黑先白死

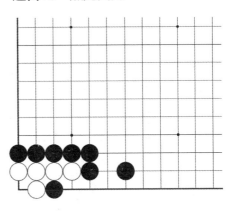

题目19　黑先白死

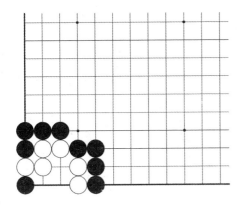

题目20　黑先白死

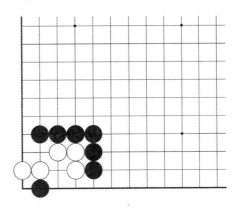

扫一扫
答案立现

题目11～20 答案

题目21　黑先白死

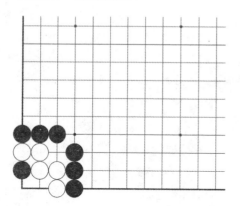

题目22　黑先白死

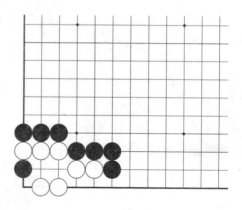

题目23　黑先白死

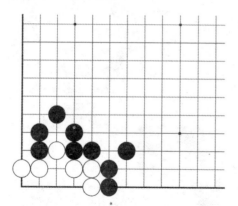

题目24　黑先白死

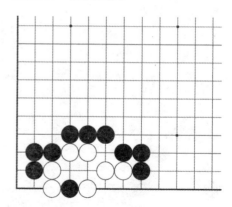

题目25　黑先白死

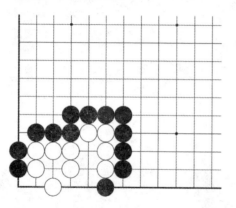

题目26　黑先白死

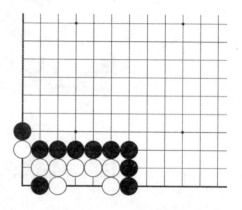

题目27 黑先白死

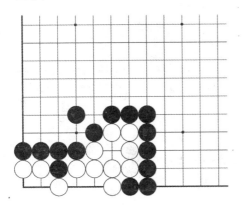

题目28 黑先白死

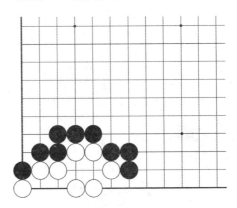

题目29 黑先白死

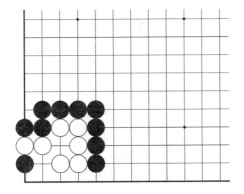

题目30 黑先白死

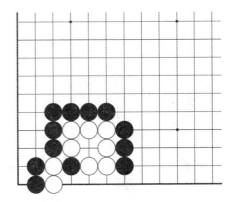

扫一扫
答案立现

题目21～30 答案

题目31 黑先白死

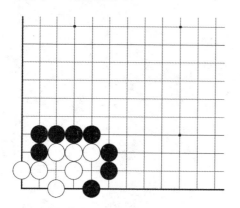

题目32 黑先白死

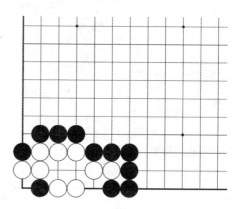

题目33 黑先白死

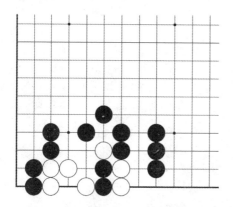

题目34 黑先白死

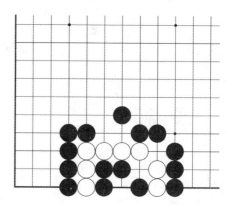

题目35 黑先白死

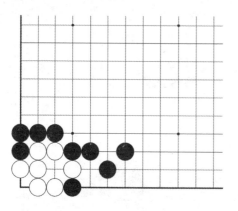

题目36 黑先白死

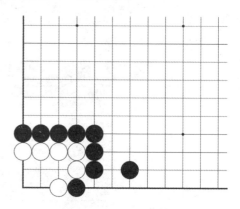

题目37 黑先白死

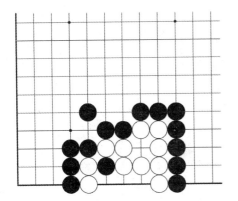

题目38 黑先白死

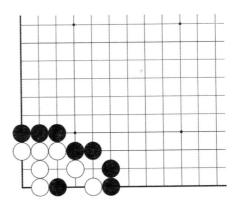

题目39 黑先白死

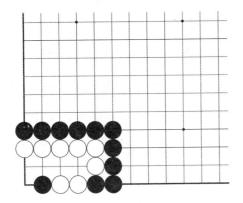

题目40 黑先白死

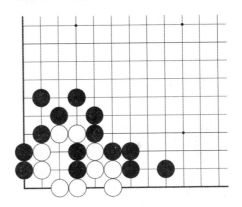

扫一扫
答案立现

题目31～40 答案

题目41 黑先白死

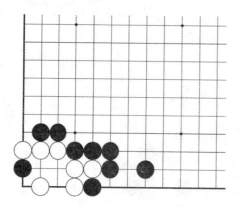

题目42 黑先白死

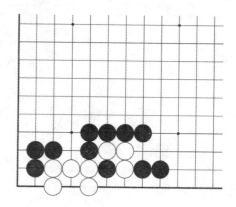

题目43 黑先白死

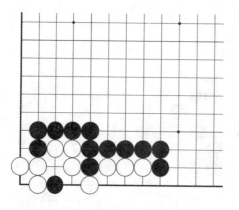

题目44 黑先白死

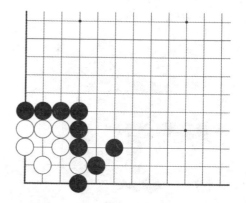

题目45 黑先白死

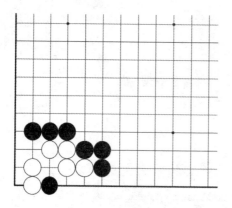

题目46 黑先白死

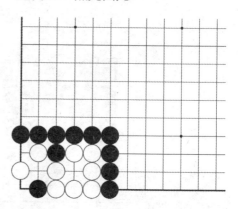

题目47　黑先白死

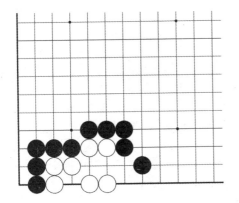

题目48　黑先白死

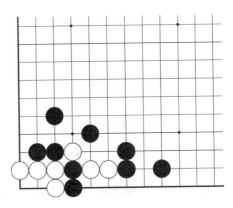

题目49　黑先白死

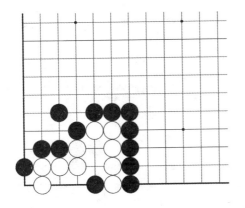

题目50　黑先白死

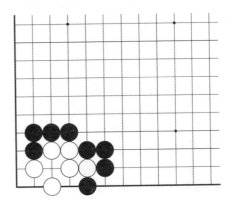

扫一扫
答案立现

题目41～50 答案

题目51　黑先白死

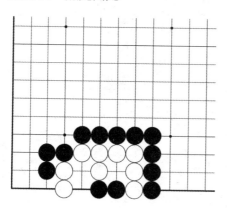

题目52　黑先白死

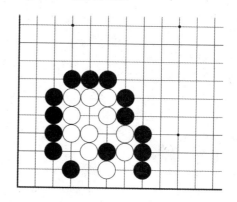

题目53　黑先白死

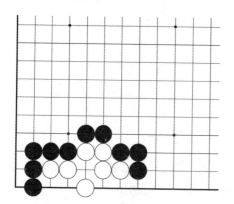

题目54　黑先白死

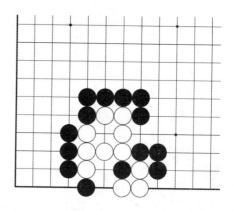

题目55　黑先白死

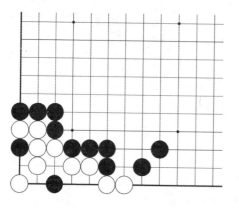

题目56　黑先白死

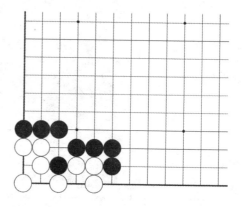

题目57 黑先白死

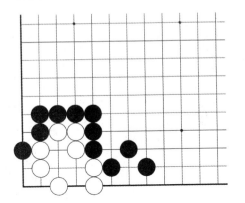

题目58 黑先白死

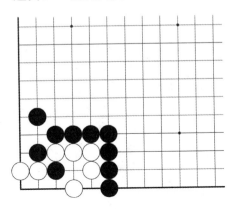

题目59 黑先白死

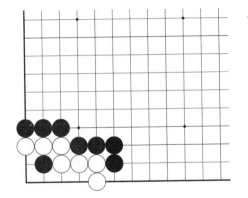

题目60 黑先白死

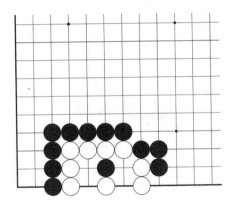

扫一扫
答案立现

题目51～60 答案

题目61　黑先白死

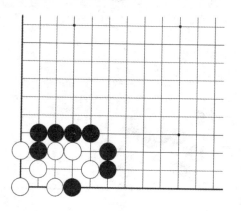

题目62　黑先白死

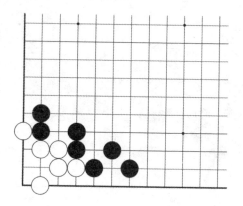

题目63　黑先白死

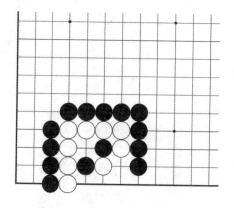

题目64　黑先白死

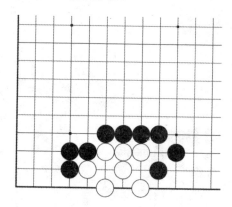

题目65　黑先白死

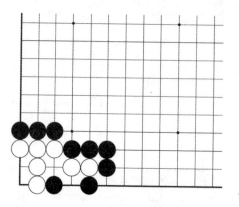

题目66　黑先白死

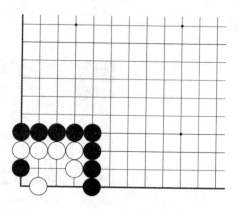

题目67 黑先白死

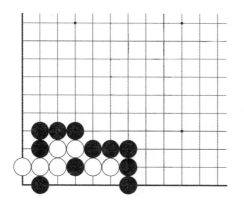

题目68 黑先白死

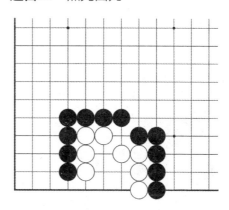

题目69 黑先白死

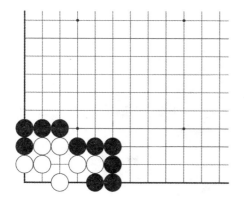

题目70 黑先白死

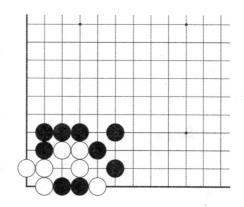

扫一扫
答案立现

题目61～70 答案

题目71　黑先白死

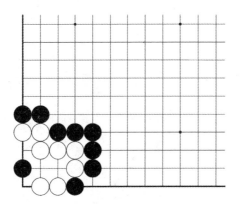

题目72　黑先白死

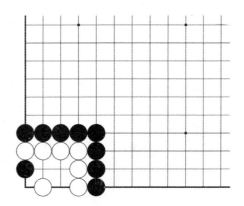

题目73　黑先白死

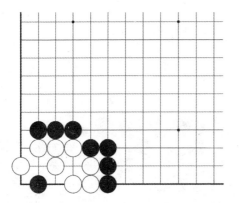

题目74　黑先白死

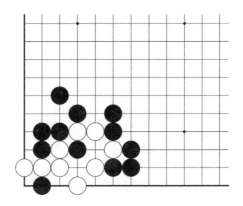

题目75　黑先白死

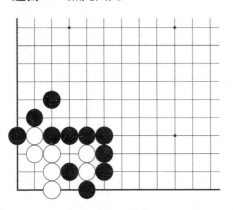

题目76　黑先白死

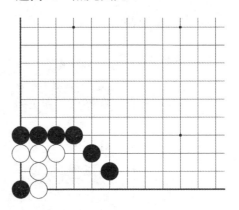

题目77 黑先白死

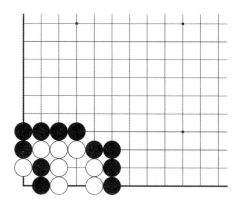

题目78 黑先白死

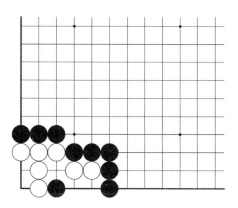

题目79 黑先白死

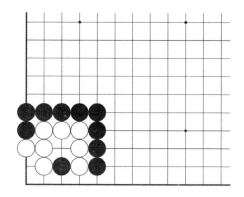

题目80 黑先白死

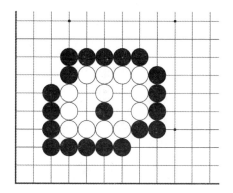

扫一扫
答案立现

题目71~80 答案

题目81 黑先白死

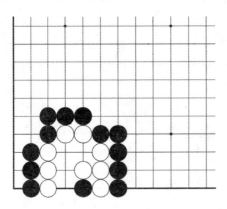

题目82 黑先白死

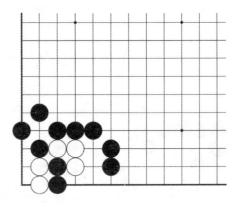

题目83 黑先白死

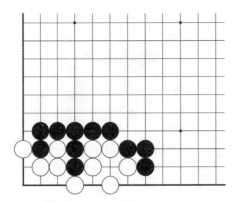

题目84 黑先白死

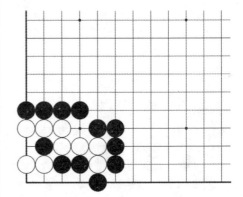

题目85 黑先白死

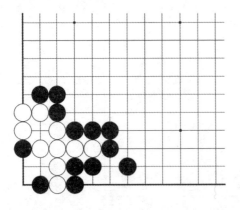

题目86 黑先白死

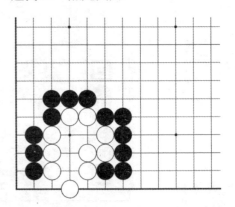

题目87 黑先白死

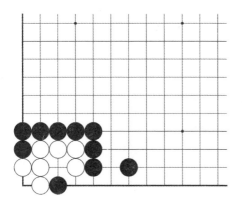

题目88 黑先白死

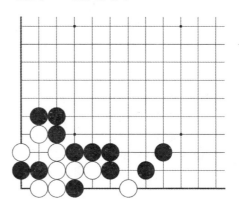

题目89 黑先白死

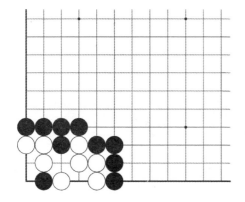

题目90 黑先白死

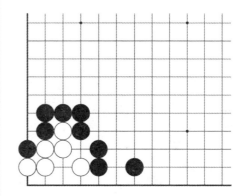

扫一扫
答案立现

题目81~90 答案

题目91 黑先白死

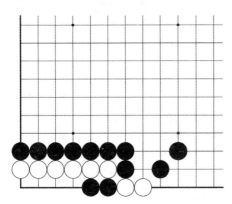

题目92 黑先白死

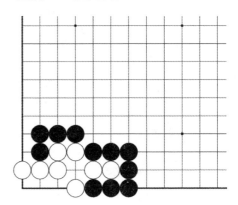

题目93 黑先白死

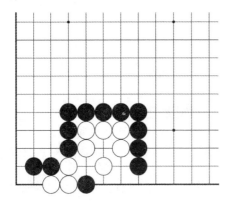

题目94 黑先白死

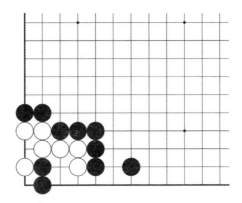

题目95 黑先白死

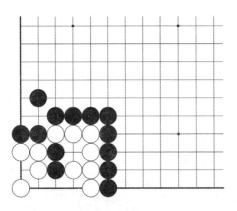

题目96 黑先白死

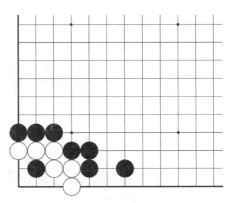

题目97 黑先白死

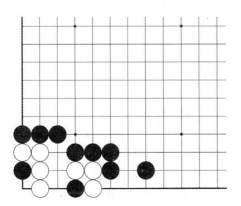

题目98 黑先白死

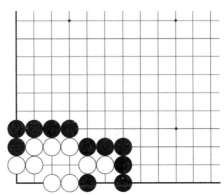

题目99 黑先白死

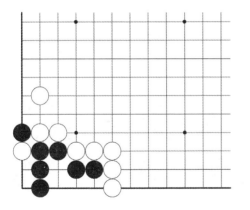

题目100 黑先白死

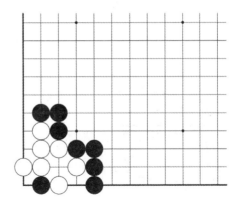

扫一扫
答案立现

题目91～100 答案

题目101　黑先白死

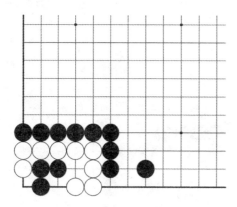

题目102　黑先白死

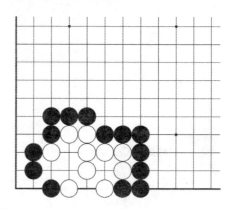

题目103　黑先白死

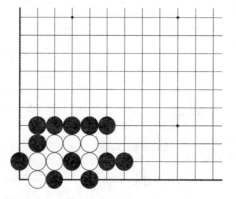

题目104　黑先白死

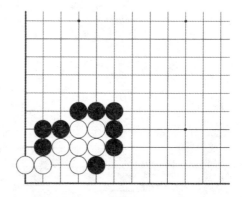

题目105　黑先白死

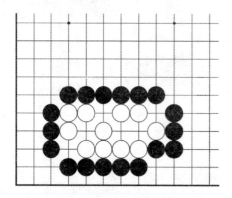

题目106　黑先白死

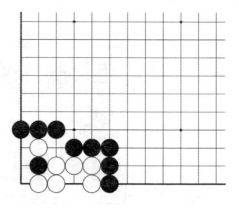

题目107　黑先白死

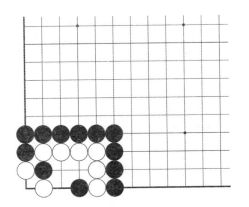

题目108　黑先白死

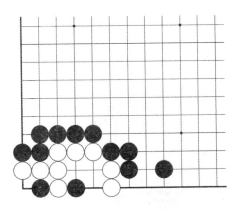

题目109　黑先白死

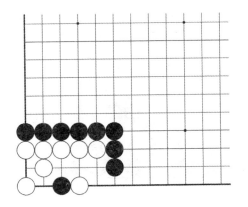

题目110　黑先白死

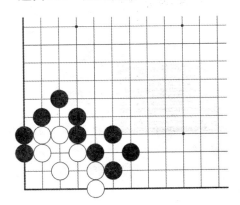

扫一扫
答案立现

题目101～110 答案

题目111 黑先白死

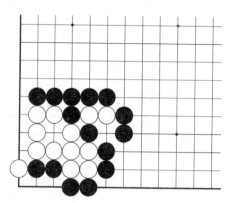

题目112 黑先白死

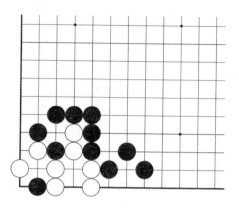

题目113 黑先白死

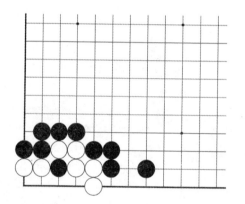

题目114 黑先白死

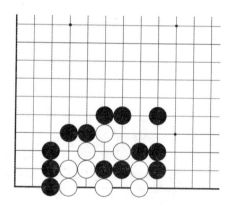

题目115 黑先白死

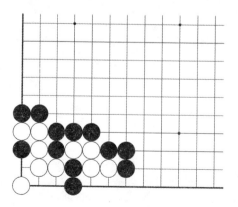

题目116 黑先白死

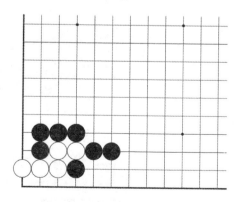

题目117 黑先白死

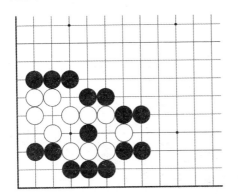

题目118 黑先白死

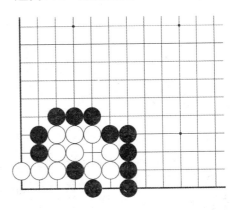

题目119 黑先白死

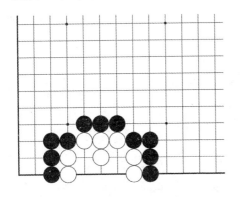

题目120 黑先白死

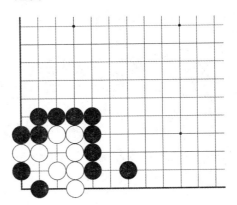

扫一扫
答案立现

题目111～120 答案

第二章

中盘基础

一、吃子技巧

1.吃一线子（黑先）

吃一线子
扫码看讲解

题目1 吃一线子（黑先）

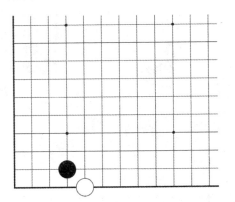

题目2 吃一线子（黑先）

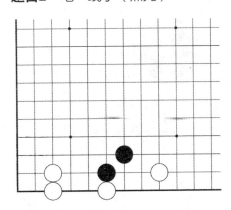

题目3 吃一线子（黑先）

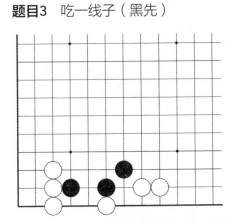

题目4 吃一线子（黑先）

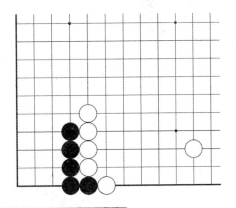

扫一扫
答案立现

题目1~4 答案

题目5 吃一线子（黑先）

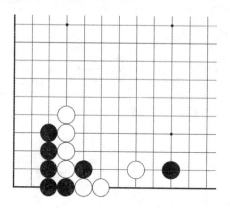

题目6 吃一线子（黑先）

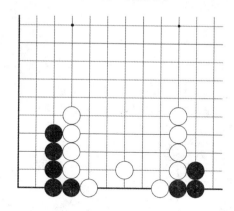

题目7 吃一线子（黑先）

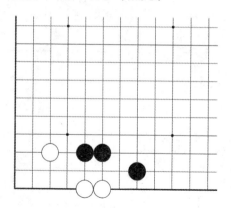

题目8 吃一线子（黑先）

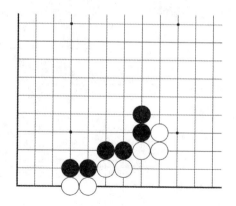

题目9 吃一线子（黑先）

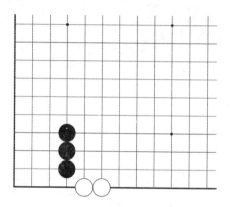

题目10 吃一线子（黑先）

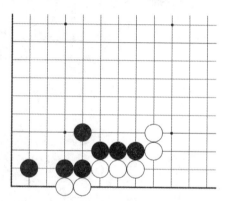

题目11 吃一线子（黑先）

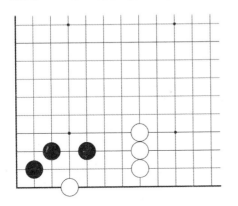

题目12 吃一线子（黑先）

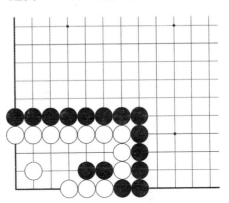

扫一扫
答案立现

题目5～12 答案

吃二线子
扫码看讲解

2. 吃二线子（黑先）

题目13 吃二线子（黑先）

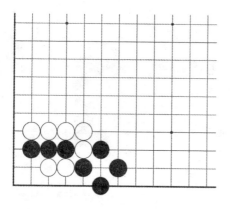

题目14 吃二线子（黑先）

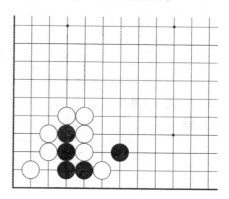

题目15 吃二线子（黑先）

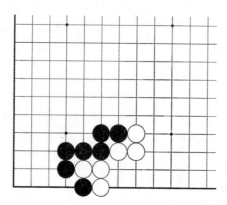

题目16 吃二线子（黑先）

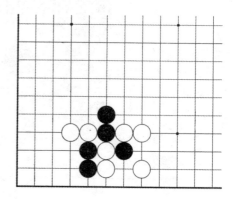

题目17 吃二线子（黑先）

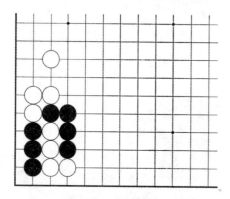

题目18 吃二线子（黑先）

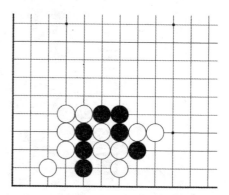

题目19 吃二线子（黑先）

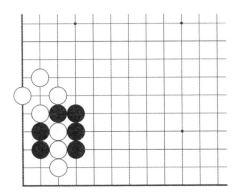

题目20 吃二线子（黑先）

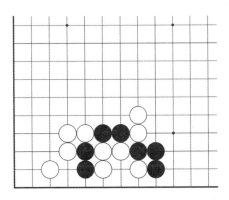

题目21 吃二线子（黑先）

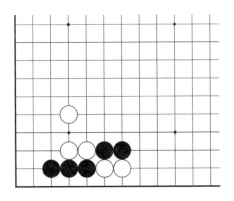

题目22 吃二线子（黑先）

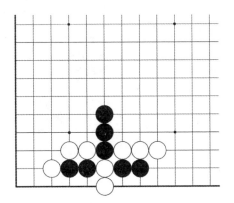

扫一扫
答案立现

题目13～22 答案

题目23　吃二线子（黑先）

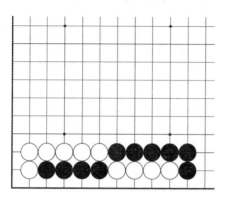

题目24　吃二线子（黑先）

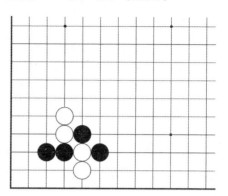

扫一扫
答案立现

题目23和24　答案

3. 吃三线子（黑先）

吃三线子
扫码看讲解

题目25 吃三线子（黑先）

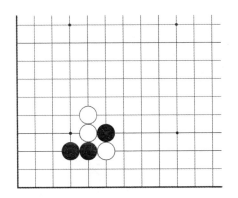

题目26 吃三线子（黑先）

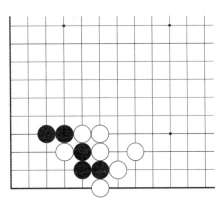

题目27 吃三线子（黑先）

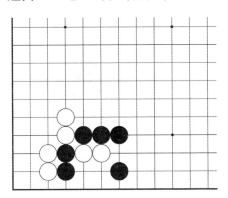

题目28 吃三线子（黑先）

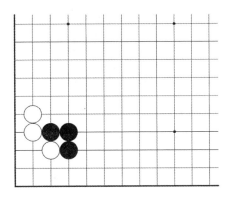

扫一扫
答案立现

题目25～28 答案

题目29 吃三线子（黑先）

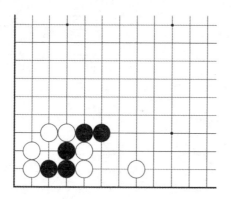

题目30 吃三线子（黑先）

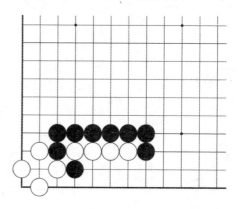

题目31 吃三线子（黑先）

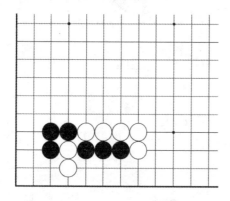

题目32 吃三线子（黑先）

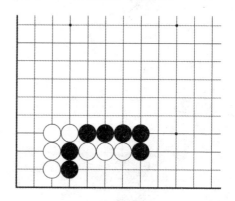

题目33 吃三线子（黑先）

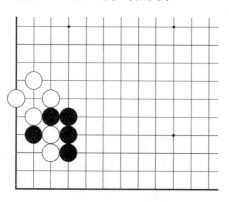

题目34 吃三线子（黑先）

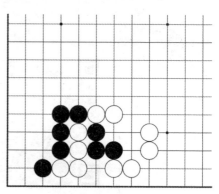

题目35 吃三线子（黑先）

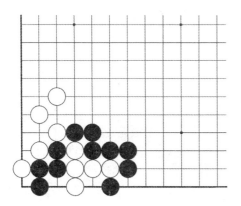

题目36 吃三线子（黑先）

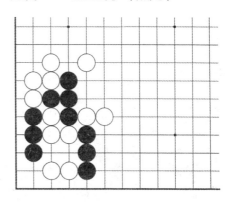

题目37 吃三线子（黑先）

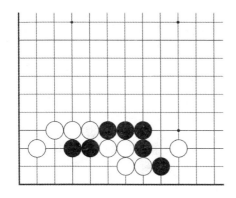

题目38 吃三线子（黑先）

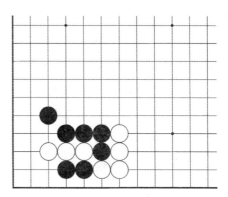

扫一扫
答案立现

题目29～38 答案

题目39 吃三线子（黑先）

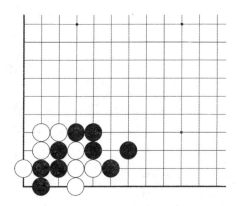

题目40 吃三线子（黑先）

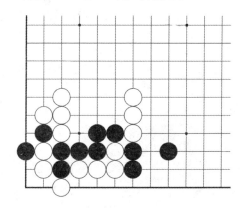

题目41 吃三线子（黑先）

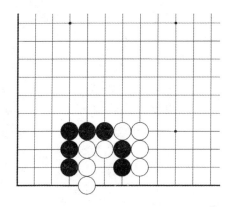

题目42 吃三线子（黑先）

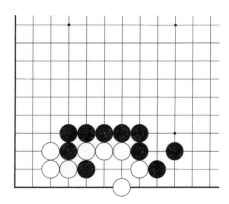

题目43 吃三线子（黑先）

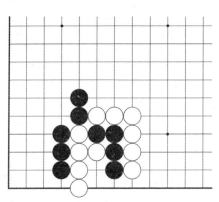

题目44 吃三线子（黑先）

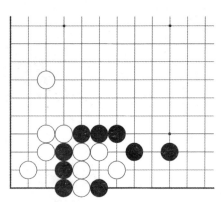

题目45　吃三线子（黑先）

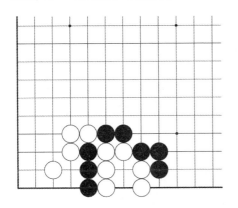

题目46　吃三线子（黑先）

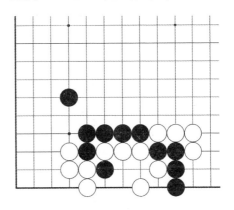

题目47　吃三线子（黑先）

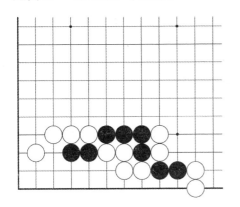

题目48　吃三线子（黑先）

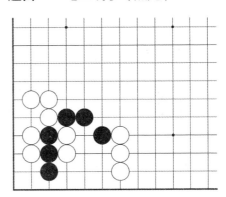

扫一扫
答案立现

题目39～48 答案

废棋
扫码看讲解

二、接触战基础

（一）棋筋与废子

对双方棋子的死活、大小和强弱均无作用的棋，称为废棋（子）。

对局时切记不要走废棋。

对双方棋子的死活、大小和强弱起重要作用的棋，称为棋筋。

1. 请判断白①是否为废棋（是废棋标A，不是废棋标B）

题目1 请判断白①是否为废棋

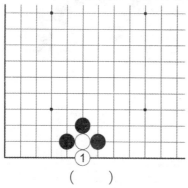

（　　　）

题目2 请判断白①是否为废棋

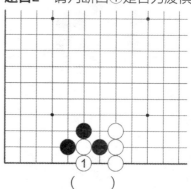

（　　　）

题目3 请判断白①是否为废棋

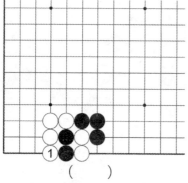

（　　　）

题目4 请判断白①是否为废棋

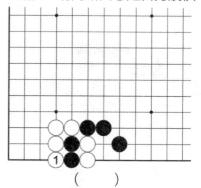

（　　　）

题目5 请判断白①是否为废棋

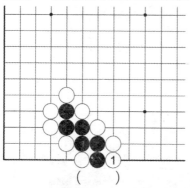

（　　　）

题目6 请判断白①是否为废棋

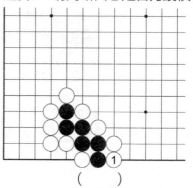

（　　　）

题目7 请判断白①是否为废棋

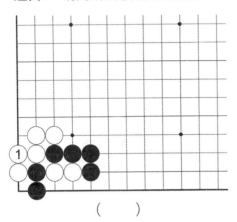

（　　　）

题目8 请判断白①是否为废棋

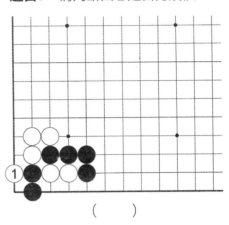

（　　　）

题目9 请判断白①是否为废棋

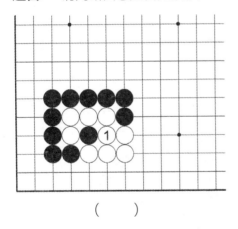

（　　　）

题目10 请判断白①是否为废棋

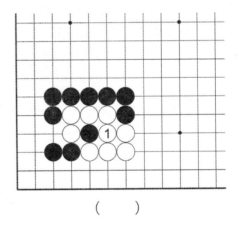

（　　　）

扫一扫
答案立现

题目1～10 答案

题目11　请判断白①是否为废棋

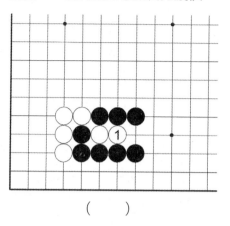

（　　）

题目12　请判断白①是否为废棋

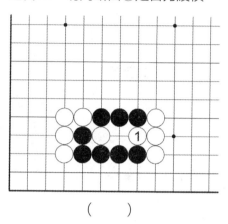

（　　）

扫一扫
答案立现

⌄

题目11和12　答案

2. 请用△标出白棋的棋筋

棋筋
扫码看讲解

题目1 请用△标出白棋的棋筋

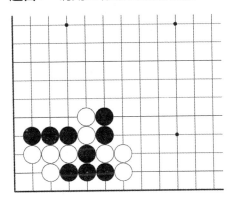

题目2 请用△标出白棋的棋筋

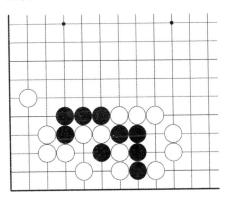

题目3 请用△标出白棋的棋筋

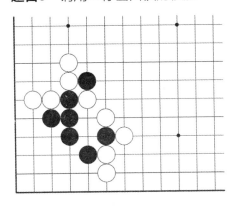

题目4 请用△标出白棋的棋筋

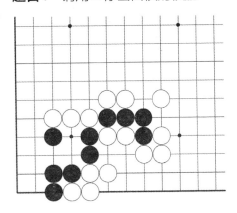

扫一扫
答案立现

题目1~4 答案

题目5　请用△标出白棋的棋筋

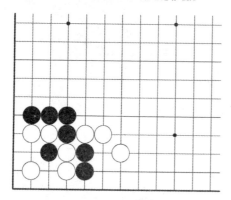

题目6　请用△标出白棋的棋筋

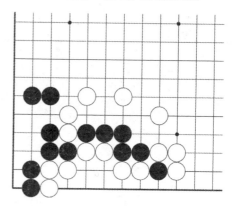

题目7　请用△标出白棋的棋筋

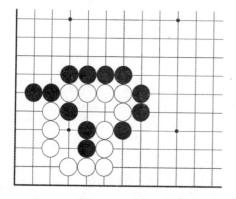

题目8　请用△标出白棋的棋筋

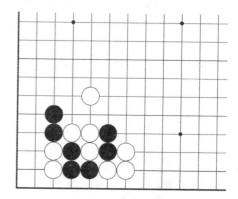

题目9　请用△标出白棋的棋筋

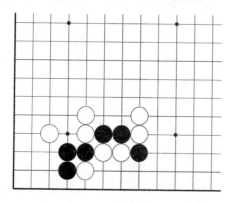

题目10　请用△标出白棋的棋筋

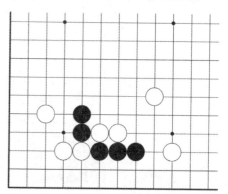

题目11 请用△标出白棋的棋筋

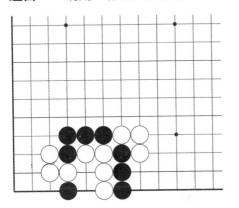

题目12 请用△标出白棋的棋筋

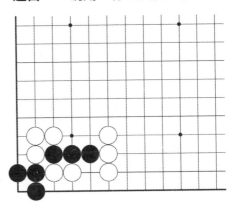

扫一扫
答案立现

题目5～12 答案

3. 请判断白△子是否为棋筋（是棋筋标√，不是棋筋标×）

题目1 请判断白△子是否为棋筋

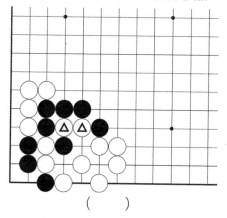

（　　）

题目2 请判断白△子是否为棋筋

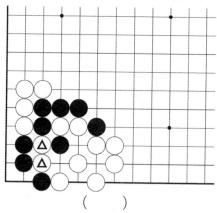

（　　）

题目3 请判断白△子是否为棋筋

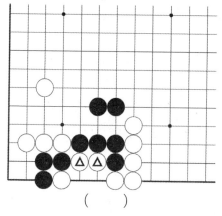

（　　）

题目4 请判断白△子是否为棋筋

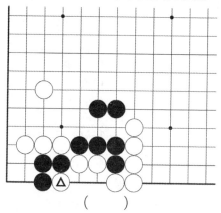

（　　）

题目5 请判断白△子是否为棋筋

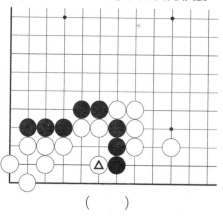

（　　）

题目6 请判断白△子是否为棋筋

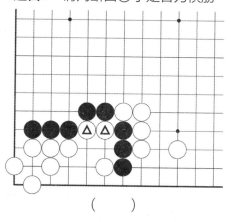

（　　）

题目7 请判断白△子是否为棋筋

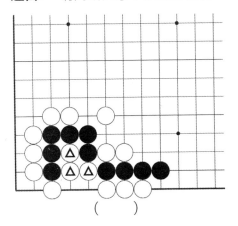

( )

题目8 请判断白△子是否为棋筋

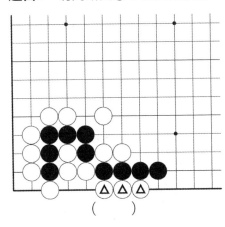

( )

题目9 请判断白△子是否为棋筋

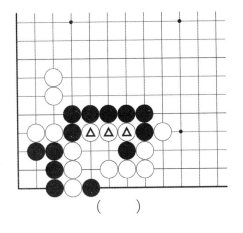

( )

题目10 请判断白△子是否为棋筋

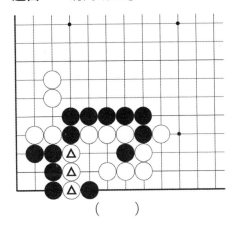

( )

扫一扫
答案立现

题目1~10 答案

题目11 请判断白△子是否为棋筋

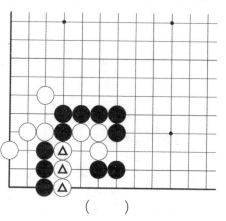

（　　）

题目12 请判断白△子是否为棋筋

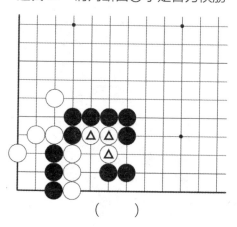

（　　）

扫一扫
答案立现

题目11和12 答案

（二）断和连接

断和连接：在下棋过程中，一方的棋块数越多，越容易被对方吃掉，分断就是帮助一方把另一方的棋块数变多。断是吃子的要点，要想吃掉对方的棋，尽量分断对方，使对方的棋块数变多。将能被对方切断的棋子相连，称为连接，连接有利于棋子的生存。

断—判断白①是否正确扫码看讲解

1. 请判断白①是否正确（正确标√，错误标×）

题目1 请判断白①是否正确

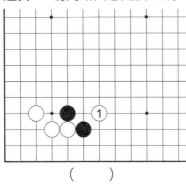

（　　）

题目2 请判断白①是否正确

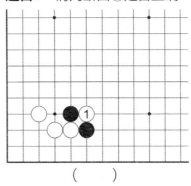

（　　）

题目3 请判断白①是否正确

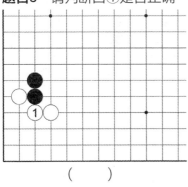

（　　）

题目4 请判断白①是否正确

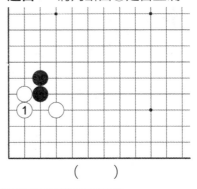

（　　）

扫一扫
答案立现

题目1~4 答案

题目5 请判断白①是否正确

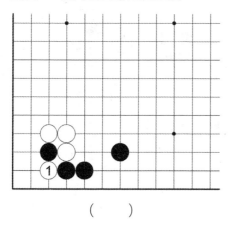

( )

题目6 请判断白①是否正确

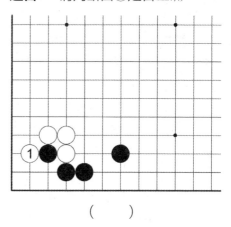

( )

题目7 请判断白①是否正确

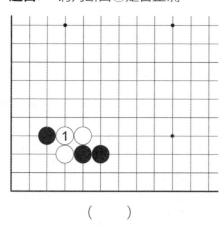

( )

题目8 请判断白①是否正确

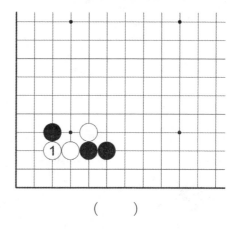

( )

题目9 请判断白①是否正确

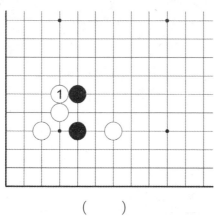

( )

题目10 请判断白①是否正确

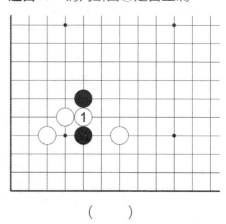

( )

题目11 请判断白①是否正确

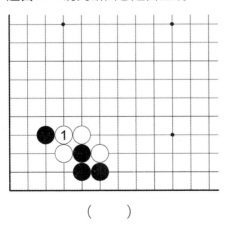

( )

题目12 请判断白①是否正确

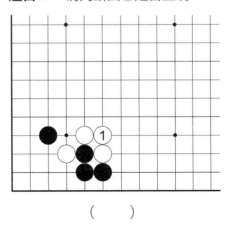

( )

扫一扫
答案立现

⌄

题目5～12 答案

2. 请选择正确的着法（黑先）

题目1　请选择正确的着法（黑先）

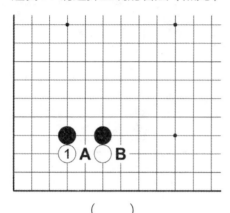

（　　）

题目2　请选择正确的着法（黑先）

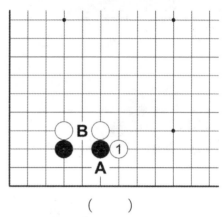

（　　）

题目3　请选择正确的着法（黑先）

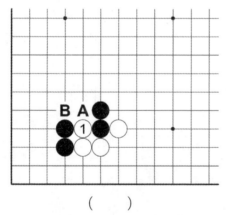

（　　）

题目4　请选择正确的着法（黑先）

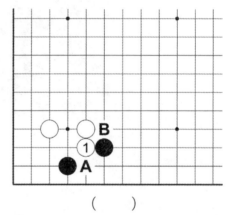

（　　）

题目5　请选择正确的着法（黑先）

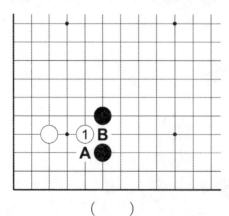

（　　）

题目6　请选择正确的着法（黑先）

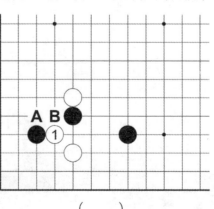

（　　）

题目7　请选择正确的着法（黑先）

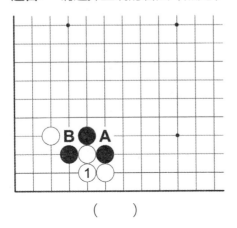

（　　）

题目8　请选择正确的着法（黑先）

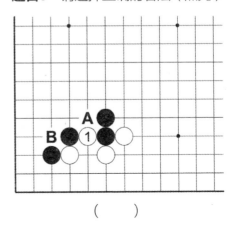

（　　）

题目9　请选择正确的着法（黑先）

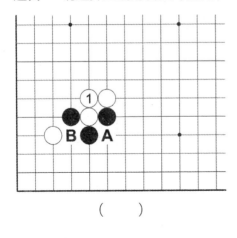

（　　）

题目10　请选择正确的着法（黑先）

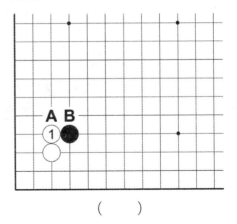

（　　）

扫一扫
答案立现

题目1～10 答案

题目11 请选择正确的着法（黑先）

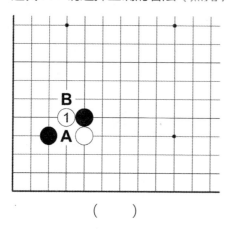

（　　）

题目12 请选择正确的着法（黑先）

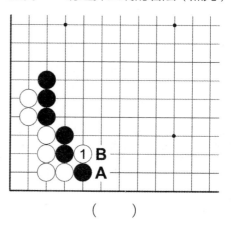

（　　）

扫一扫
答案立现

题目11和12 答案

（三）大小选择

1. 请判断白①是否正确（正确标√，错误标×）

大小—判断
白①是否
正确
扫码看讲解

题目1 请判断白①是否正确

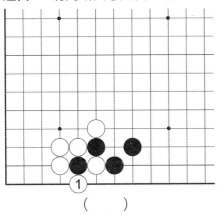

（　　）

题目2 请判断白①是否正确

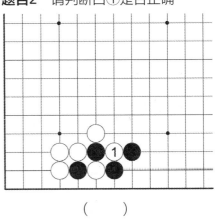

（　　）

题目3 请判断白①是否正确

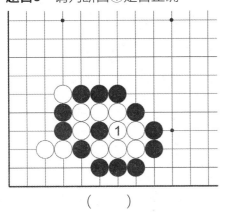

（　　）

题目4 请判断白①是否正确

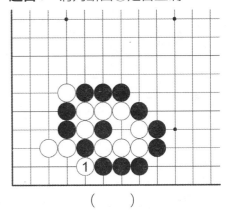

（　　）

扫一扫
答案立现

题目1~4 答案

题目5 请判断白①是否正确

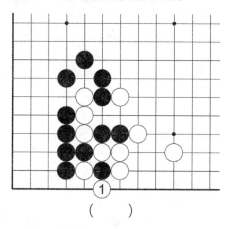

（　　　）

题目6 请判断白①是否正确

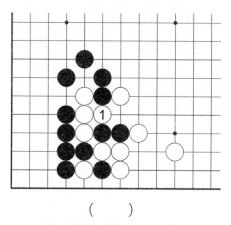

（　　　）

题目7 请判断白①是否正确

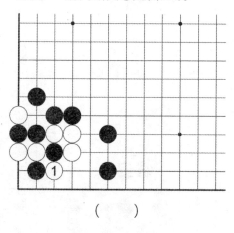

（　　　）

题目8 请判断白①是否正确

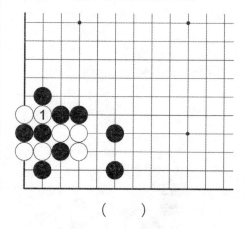

（　　　）

题目9 请判断白①是否正确

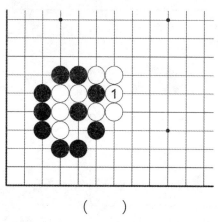

（　　　）

题目10 请判断白①是否正确

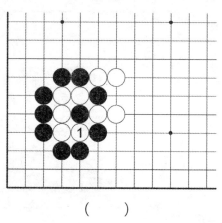

（　　　）

题目11 请判断白①是否正确

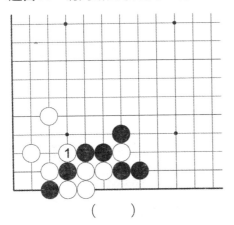

（　　）

题目12 请判断白①是否正确

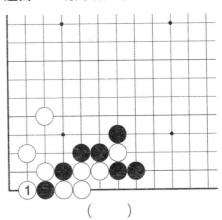

（　　）

扫一扫
答案立现

题目5~12 答案

2. 请选择正确的着法（黑先）

题目1 请选择正确的着法（黑先）

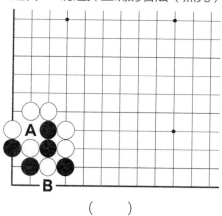

( )

题目2 请选择正确的着法（黑先）

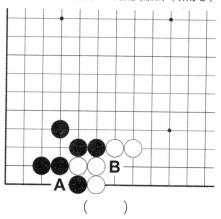

( )

题目3 请选择正确的着法（黑先）

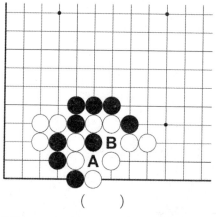

( )

题目4 请选择正确的着法（黑先）

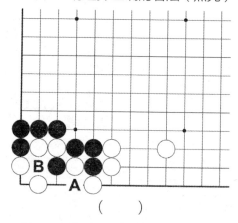

( )

题目5 请选择正确的着法（黑先）

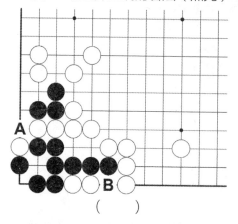

( )

题目6 请选择正确的着法（黑先）

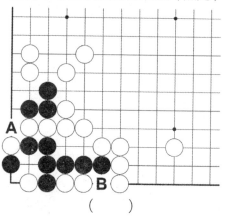

( )

题目7 请选择正确的着法（黑先）

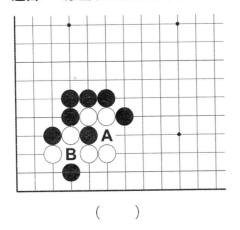

（　　）

题目8 请选择正确的着法（黑先）

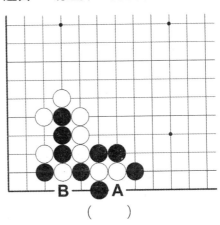

（　　）

题目9 请选择正确的着法（黑先）

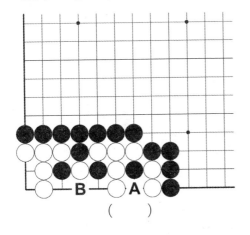

（　　）

题目10 请选择正确的着法（黑先）

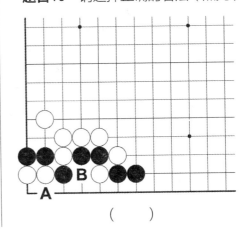

（　　）

扫一扫
答案立现

题目1～10 答案

题目11 请选择正确的着法（黑先）

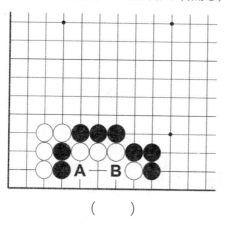

（　　）

题目12 请选择正确的着法（黑先）

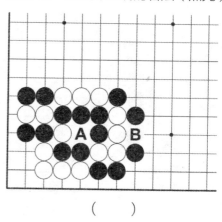

（　　）

扫一扫
答案立现

题目11和12 答案

三、对杀基础

对杀基础：

对杀数气
判断1
扫码看讲解

1. 双方棋子互相包围时必须通过紧气才能得出死活或双活的结果，这种双方的拼杀过程称为对杀。

2. 双方棋子互相包围对杀时，双方棋子外面的气，称为外气。

3. 双方棋子互相包围对杀时，双方棋子眼中的气，称为内气。

4. 双方棋子互相包围对杀时，双方棋子中间的气，既是黑方的气也是白方的气，称为公气。

5. 双方棋子互相包围对杀时，能使棋子气数增加的着法，称为长气。

6. 双方棋子互相包围对杀时，能使棋子气数减少的着法，称为紧气。

7. 无眼一方和有眼一方对杀时，无眼方的气数是外气，有眼一方的气数是内气＋公气＋外气。

8. 对杀收气时，先紧外气再紧公气。

（一）对杀数气判断

1. 请用△标出和黑棋●子对杀的白子

题目1 请用△标出和黑棋●子对杀的白子

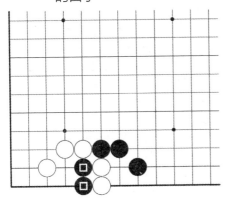

题目2 请用△标出和黑棋●子对杀的白子

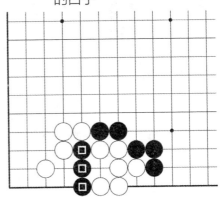

扫一扫
答案立现

题目1和2 答案

题目3　请用△标出和黑棋■子对杀的白子

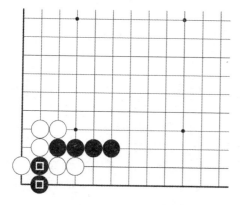

题目4　请用△标出和黑棋■子对杀的白子

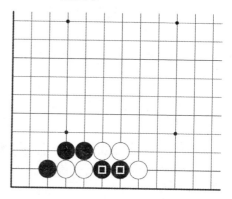

题目5　请用△标出和黑棋■子对杀的白子

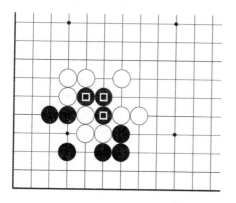

题目6　请用△标出和黑棋■子对杀的白子

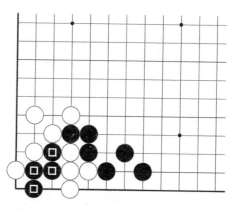

题目7　请用△标出和黑棋■子对杀的白子

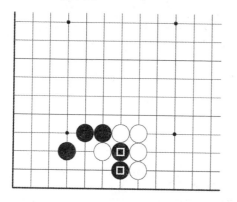

题目8　请用△标出和黑棋■子对杀的白子

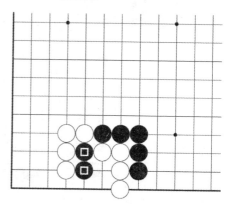

题目9 请用△标出和黑棋◙子对杀的白子

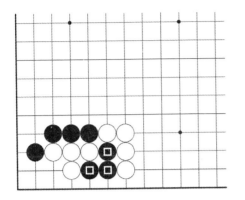

题目10 请用△标出和黑棋◙子对杀的白子

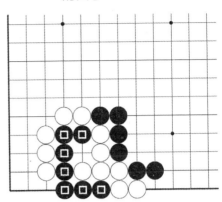

题目11 请用△标出和黑棋◙子对杀的白子

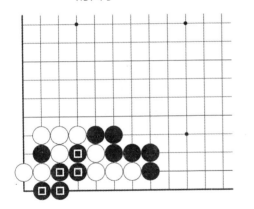

题目12 请用△标出和黑棋◙子对杀的白子

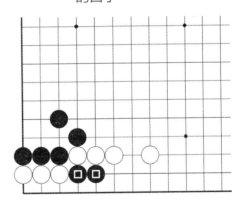

扫一扫
答案立现

题目3~12 答案

对杀数气
判断2
扫码看讲解

2. 请写出白棋需用几手棋提掉黑子

题目1　请写出白棋需用几手棋提掉黑子

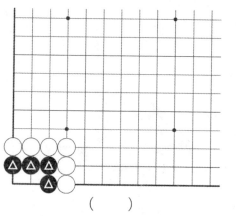

（　　　）

题目2　请写出白棋需用几手棋提掉黑子

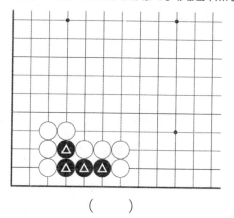

（　　　）

题目3　请写出白棋需用几手棋提掉黑子

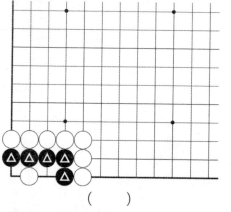

（　　　）

题目4　请写出白棋需用几手棋提掉黑子

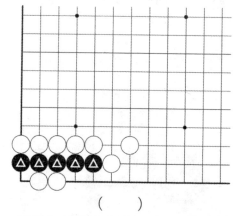

（　　　）

题目5　请写出白棋需用几手棋提掉黑子

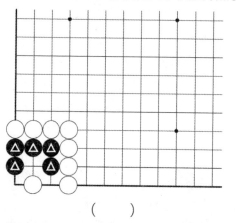

（　　　）

题目6　请写出白棋需用几手棋提掉黑子

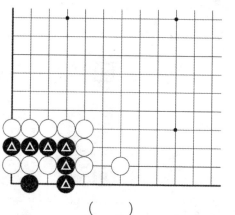

（　　　）

题目7 请写出白棋需用几手棋提掉黑子

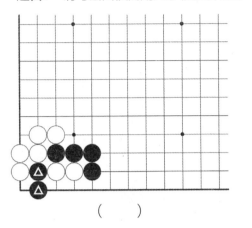

(　　)

题目8 请写出白棋需用几手棋提掉黑子

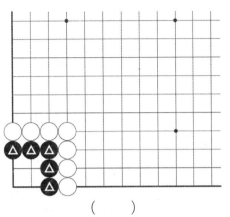

(　　)

题目9 请写出白棋需用几手棋提掉黑子

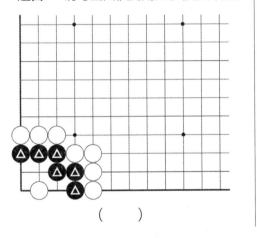

(　　)

题目10 请写出白棋需用几手棋提掉黑子

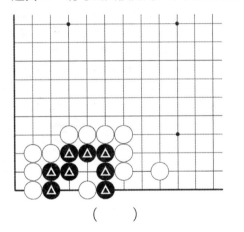

(　　)

扫一扫
答案立现

题目1～10 答案

题目11 请写出白棋需用几手棋提掉黑子

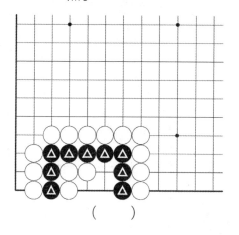

( )

题目12 请写出白棋需用几手棋提掉黑子

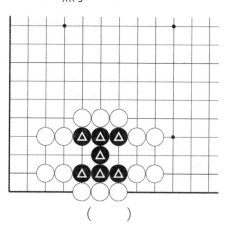

( )

扫一扫
答案立现

题目11和12 答案

3. 请写出黑棋需用几手棋提掉白⬡子

对杀数气
判断3
扫码看讲解

题目1 请写出黑棋需用几手棋提掉
白⬡子

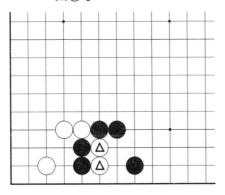

题目2 请写出黑棋需用几手棋提掉
白⬡子

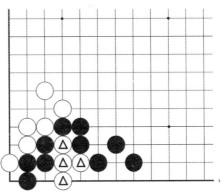

题目3 请写出黑棋需用几手棋提掉
白⬡子

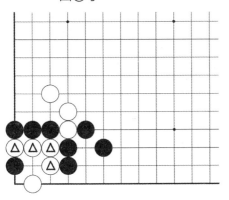

题目4 请写出黑棋需用几手棋提掉
白⬡子

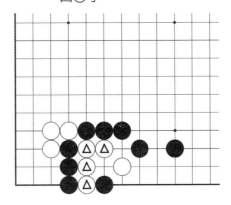

扫一扫
答案立现

题目1～4 答案

题目5 请写出黑棋需用几手棋提掉白△子

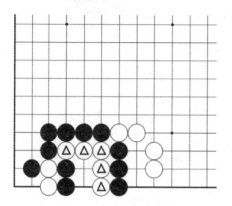

题目6 请写出黑棋需用几手棋提掉白△子

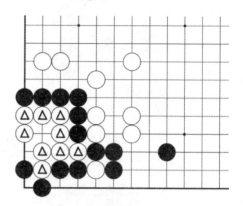

题目7 请写出黑棋需用几手棋提掉白△子

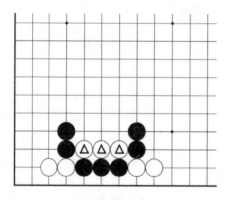

题目8 请写出黑棋需用几手棋提掉白△子

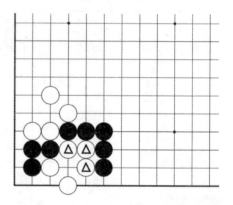

题目9 请写出黑棋需用几手棋提掉白△子

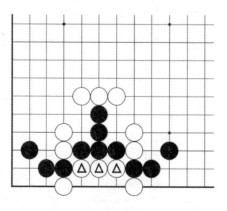

题目10 请写出黑棋需用几手棋提掉白△子

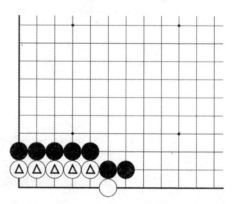

题目11 请写出黑棋需用几手棋提掉白△子

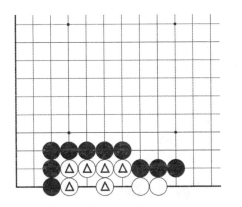

题目12 请写出黑棋需用几手棋提掉白△子

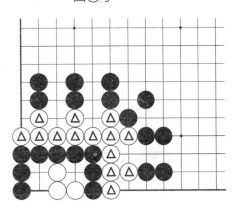

扫一扫
答案立现

题目5~12 答案

4. 请写出对杀双方黑棋和白棋的气数

对杀数气
判断4
扫码看讲解

题目1 请写出对杀双方黑棋和白棋的气数

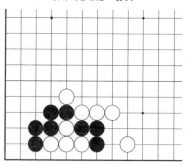

黑（　） 白（　）

题目2 请写出对杀双方黑棋和白棋的气数

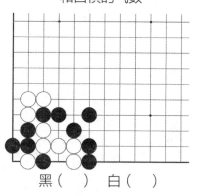

黑（　） 白（　）

题目3 请写出对杀双方黑棋和白棋的气数

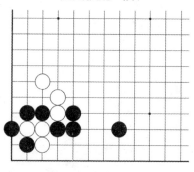

黑（　） 白（　）

题目4 请写出对杀双方黑棋和白棋的气数

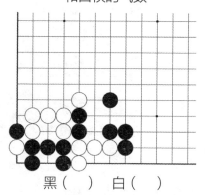

黑（　） 白（　）

题目5 请写出对杀双方黑棋和白棋的气数

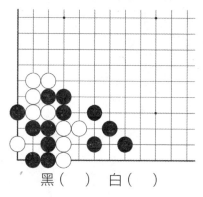

黑（　） 白（　）

题目6 请写出对杀双方黑棋和白棋的气数

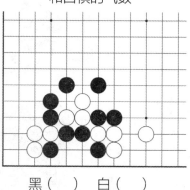

黑（　） 白（　）

题目7 请写出对杀双方黑棋和白棋的气数

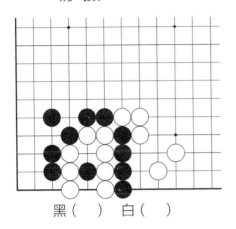

黑（　）白（　）

题目8 请写出对杀双方黑棋和白棋的气数

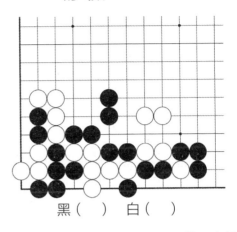

黑（　）白（　）

题目9 请写出对杀双方黑棋和白棋的气数

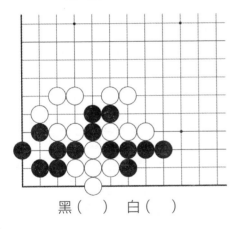

黑（　）白（　）

题目10 请写出对杀双方黑棋和白棋的气数

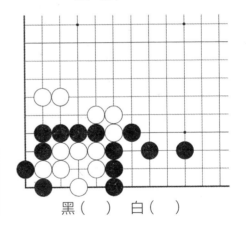

黑（　）白（　）

扫一扫
答案立现

题目1～10 答案

题目11 请写出对杀双方黑棋和白棋的气数

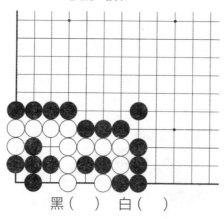

黑（ ） 白（ ）

题目12 请写出对杀双方黑棋和白棋的气数

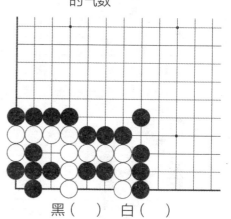

黑（ ） 白（ ）

扫一扫
答案立现

题目11和12 答案

（二）对杀类型

1. 只有外气的对杀（黑先）

只有外气的
对杀
扫码看讲解

题目1 只有外气的对杀（黑先）

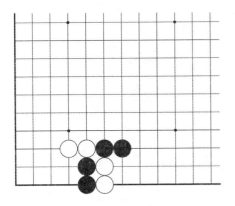

题目2 只有外气的对杀（黑先）

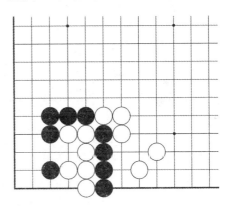

题目3 只有外气的对杀（黑先）

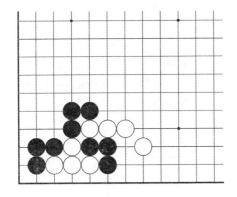

题目4 只有外气的对杀（黑先）

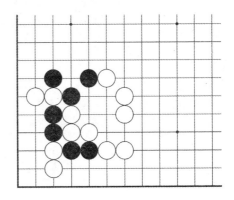

扫一扫
答案立现

题目1~4 答案

题目5 只有外气的对杀（黑先）

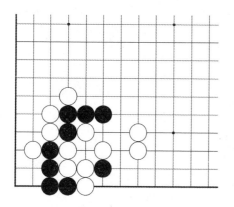

题目6 只有外气的对杀（黑先）

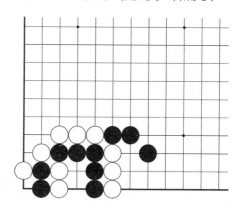

题目7 只有外气的对杀（黑先）

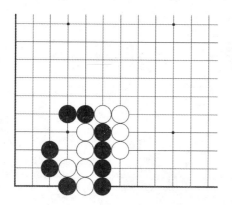

题目8 只有外气的对杀（黑先）

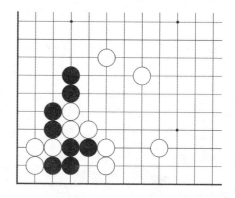

题目9 只有外气的对杀（黑先）

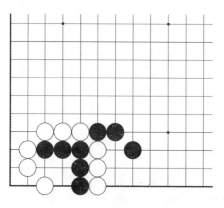

题目10 只有外气的对杀（黑先）

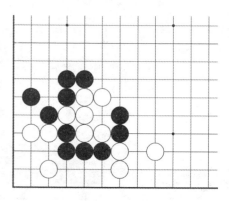

题目11 只有外气的对杀（黑先）

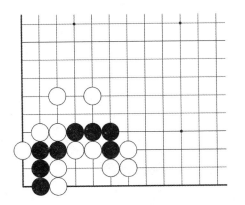

题目12 只有外气的对杀（黑先）

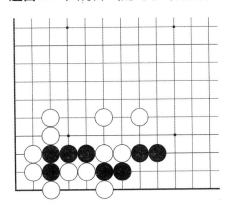

扫一扫
答案立现

题目5～12 答案

公气的对杀
扫码看讲解

2. 公气的对杀（黑先）

题目1 有公气的对杀（黑先）

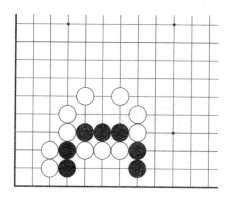

题目2 有公气的对杀（黑先）

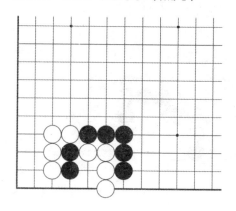

题目3 有公气的对杀（黑先）

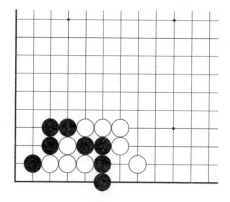

题目4 有公气的对杀（黑先）

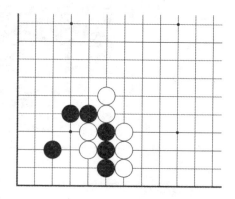

题目5 有公气的对杀（黑先）

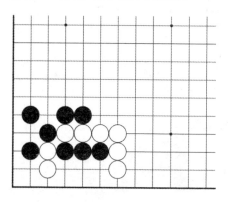

题目6 有公气的对杀（黑先）

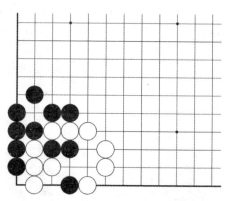

题目7 有公气的对杀（黑先）

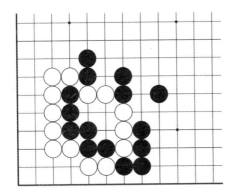

题目8 有公气的对杀（黑先）

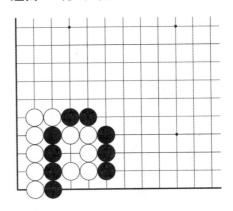

题目9 有公气的对杀（黑先）

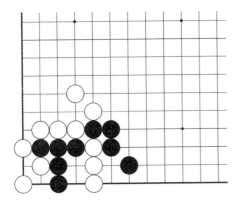

题目10 有公气的对杀（黑先）

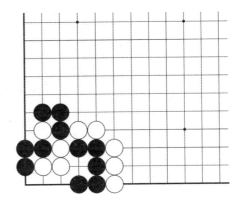

扫一扫
答案立现

题目1~10 答案

题目11 有公气的对杀（黑先）

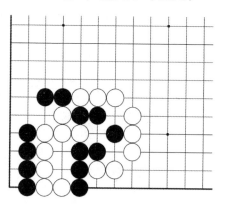

题目12 有公气的对杀（黑先）

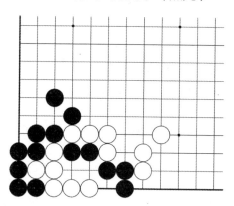

扫一扫
答案立现

题目11和12 答案

3. 长气的对杀（黑先）

题目1 长气的对杀（黑先）

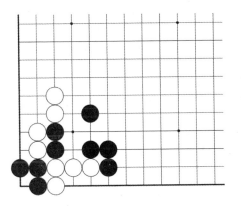

题目2 长气的对杀（黑先）

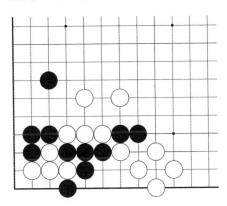

题目3 长气的对杀（黑先）

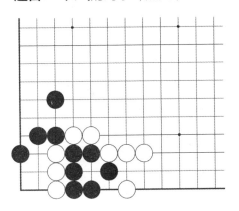

题目4 长气的对杀（黑先）

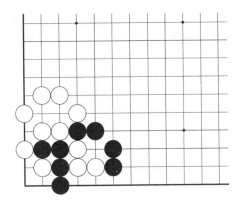

扫一扫
答案立现

题目1~4 答案

题目5　长气的对杀（黑先）

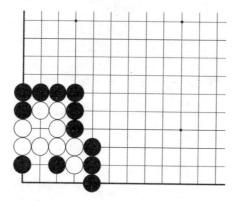

题目6　长气的对杀（黑先）

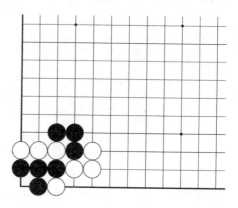

题目7　长气的对杀（黑先）

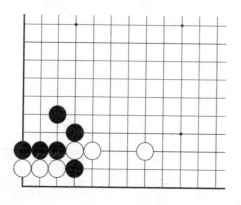

题目8　长气的对杀（黑先）

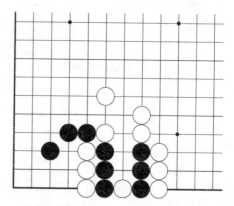

题目9　长气的对杀（黑先）

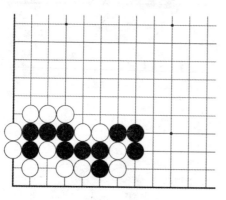

题目10　长气的对杀（黑先）

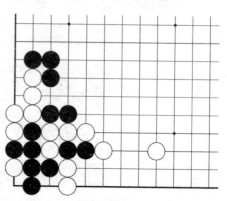

题目11 长气的对杀（黑先）

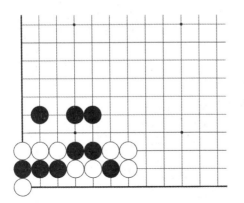

题目12 长气的对杀（黑先）

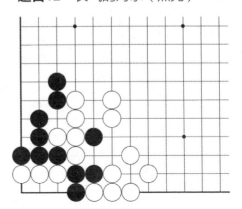

扫一扫
答案立现

题目5~12 答案

4. 缩短气的对杀（黑先）

题目1　缩短气的对杀（黑先）

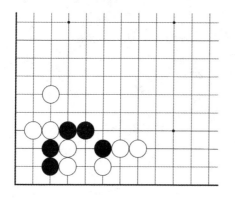

题目2　缩短气的对杀（黑先）

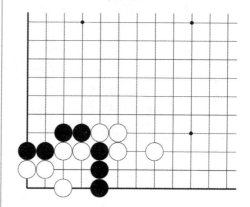

题目3　缩短气的对杀（黑先）

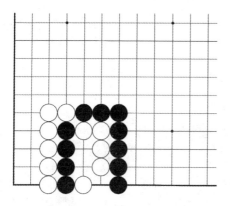

题目4　缩短气的对杀（黑先）

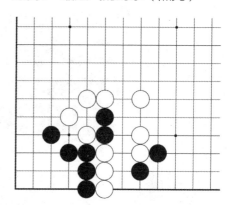

题目5　缩短气的对杀（黑先）

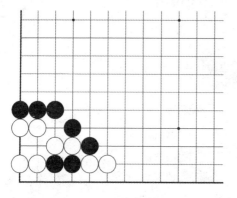

题目6　缩短气的对杀（黑先）

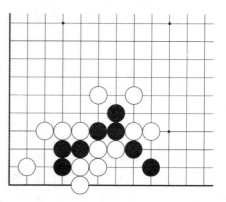

题目7　缩短气的对杀（黑先）

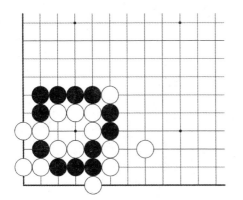

题目8　缩短气的对杀（黑先）

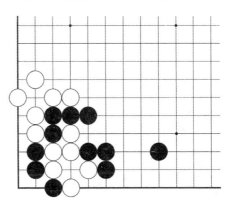

题目9　缩短气的对杀（黑先）

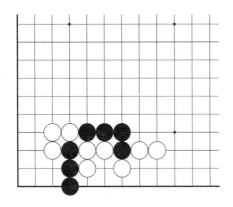

题目10　缩短气的对杀（黑先）

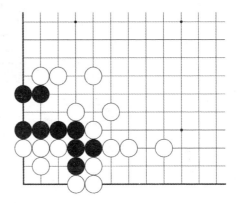

扫一扫
答案立现

题目1~10 答案

题目11 缩短气的对杀（黑先）

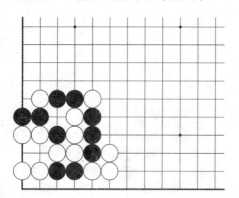

题目12 缩短气的对杀（黑先）

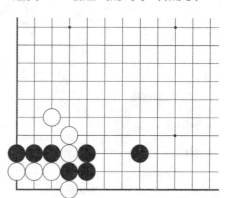

扫一扫
答案立现

题目11和12 答案

5. 有眼和无眼的对杀（黑先）

有眼的对杀
扫码看讲解

题目1 有眼和无眼的对杀（黑先）

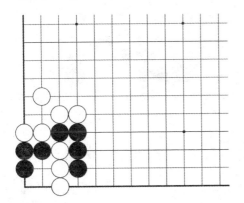

题目2 有眼和无眼的对杀（黑先）

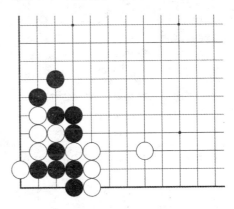

题目3 有眼和无眼的对杀（黑先）

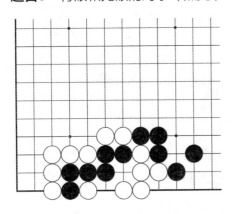

题目4 有眼和无眼的对杀（黑先）

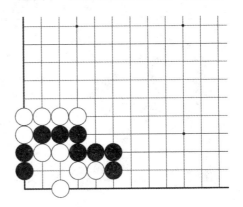

扫一扫
答案立现

题目1~4 答案

题目5 有眼和无眼的对杀（黑先）

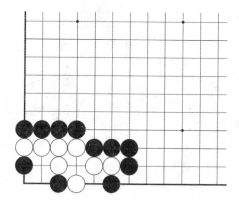

题目6 有眼和无眼的对杀（黑先）

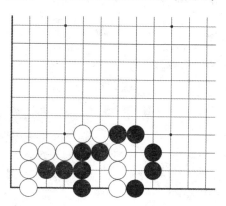

题目7 有眼和无眼的对杀（黑先）

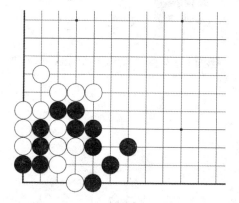

题目8 有眼和无眼的对杀（黑先）

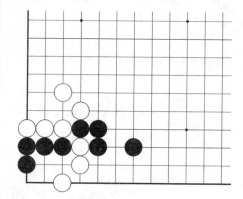

题目9 有眼和无眼的对杀（黑先）

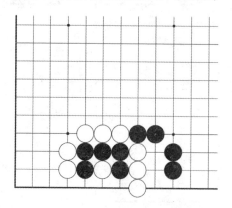

题目10 有眼和无眼的对杀（黑先）

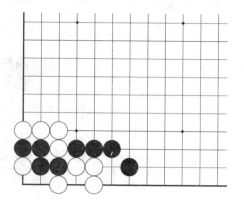

题目11 有眼和无眼的对杀（黑先）

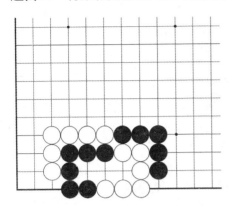

题目12 有眼和无眼的对杀（黑先）

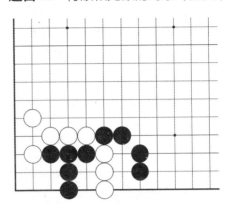

扫一扫
答案立现

题目5～12 答案

6.和劫有关的对杀（黑先）

题目1 和劫有关的对杀（黑先）

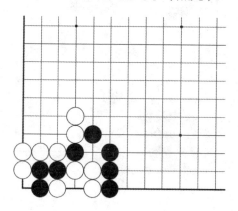

题目2 和劫有关的对杀（黑先）

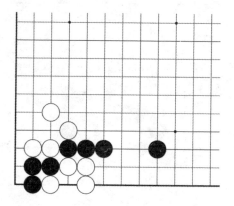

题目3 和劫有关的对杀（黑先）

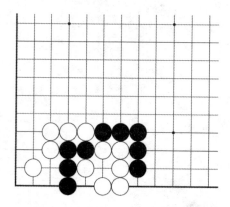

题目4 和劫有关的对杀（黑先）

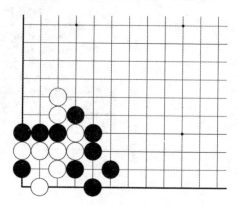

题目5 和劫有关的对杀（黑先）

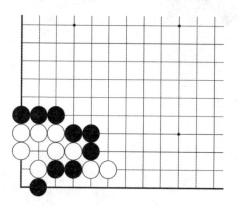

题目6 和劫有关的对杀（黑先）

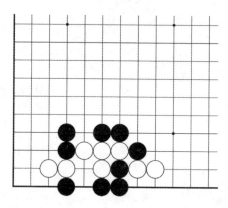

题目7 和劫有关的对杀（黑先）

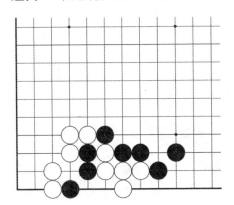

题目8 和劫有关的对杀（黑先）

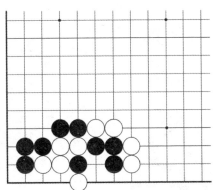

题目9 和劫有关的对杀（黑先）

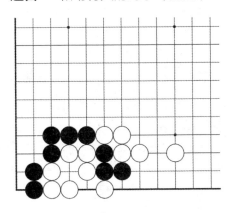

题目10 和劫有关的对杀（黑先）

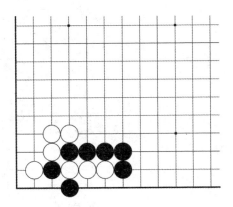

扫一扫
答案立现

题目1～10 答案

题目11　和劫有关的对杀（黑先）

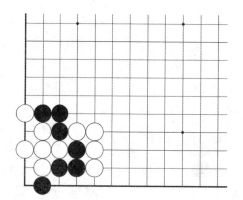

题目12　和劫有关的对杀（黑先）

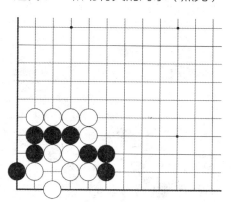

扫一扫
答案立现

题目11和12　答案

（三）对杀技巧（黑先）

题目1 对杀技巧（黑先）

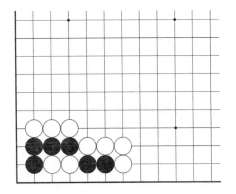

题目2 对杀技巧（黑先）

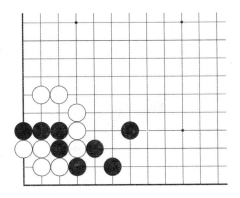

题目3 对杀技巧（黑先）

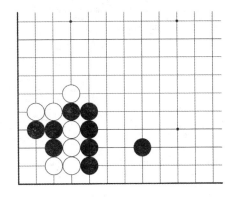

题目4 对杀技巧（黑先）

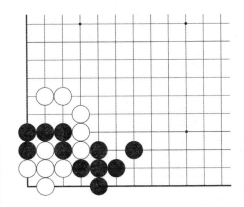

扫一扫
答案立现

题目1~4 答案

题目5 对杀技巧（黑先）

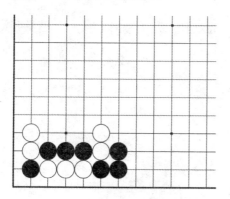

题目6 对杀技巧（黑先）

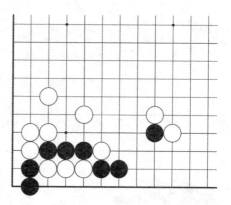

题目7 对杀技巧（黑先）

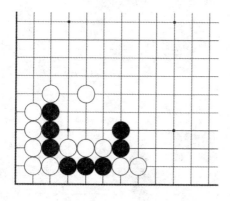

题目8 对杀技巧（黑先）

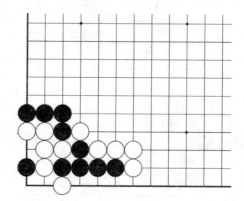

题目9 对杀技巧（黑先）

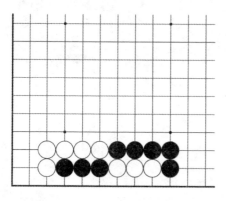

题目10 对杀技巧（黑先）

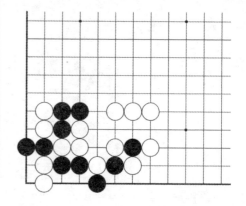

题目11 对杀技巧（黑先）

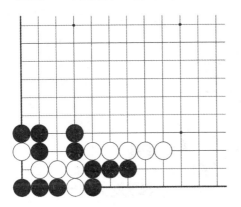

题目12 对杀技巧（黑先）

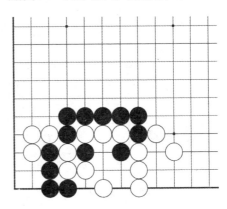

题目13 对杀技巧（黑先）

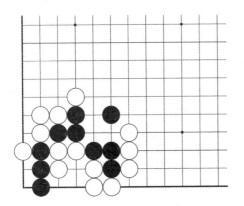

题目14 对杀技巧（黑先）

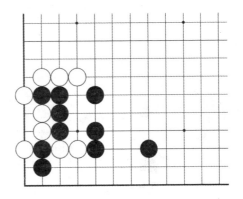

扫一扫
答案立现

题目5~14 答案

题目15 对杀技巧（黑先）

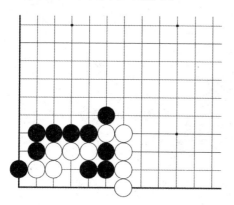

题目16 对杀技巧（黑先）

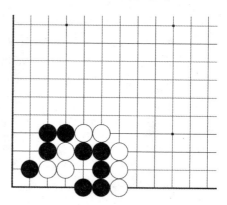

题目17 对杀技巧（黑先）

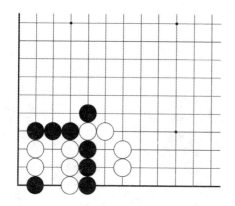

题目18 对杀技巧（黑先）

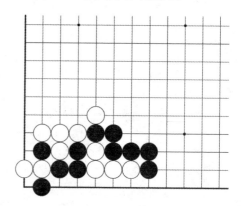

题目19 对杀技巧（黑先）

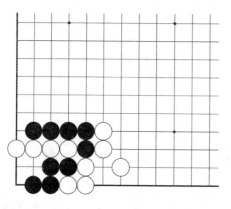

题目20 对杀技巧（黑先）

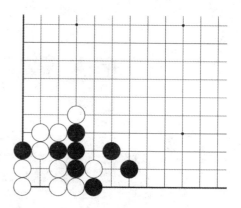

题目21 对杀技巧（黑先）

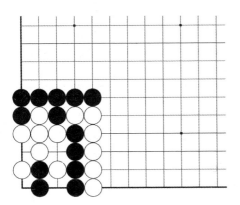

题目22 对杀技巧（黑先）

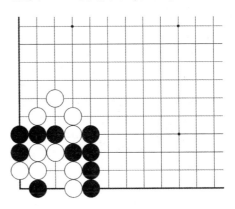

题目23 对杀技巧（黑先）

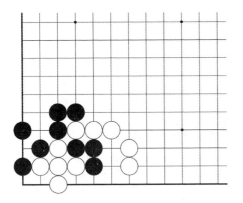

题目24 对杀技巧（黑先）

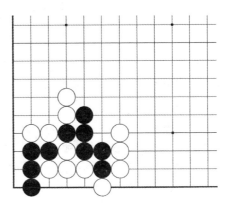

扫一扫
答案立现

题目15～24 答案

题目25 对杀技巧（黑先）

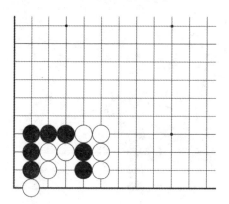

题目26 对杀技巧（黑先）

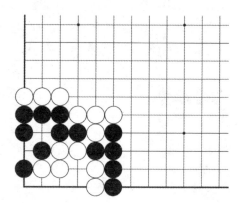

题目27 对杀技巧（黑先）

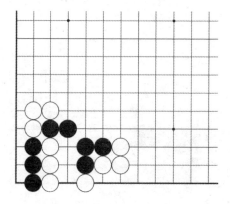

题目28 对杀技巧（黑先）

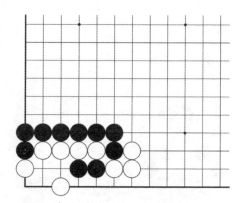

题目29 对杀技巧（黑先）

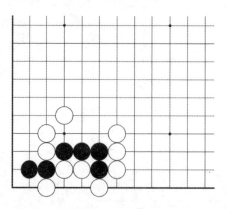

题目30 对杀技巧（黑先）

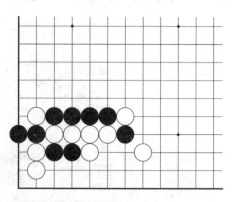

题目31 对杀技巧（黑先）

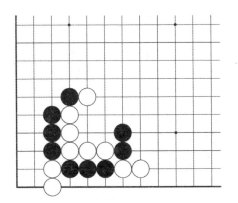

题目32 对杀技巧（黑先）

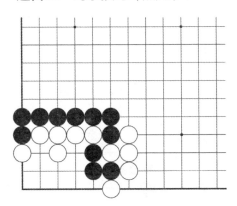

题目33 对杀技巧（黑先）

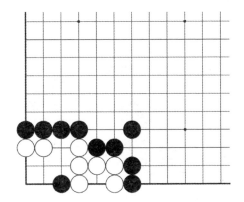

题目34 对杀技巧（黑先）

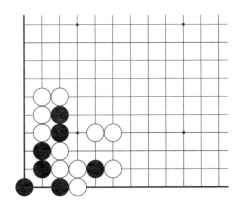

扫一扫
答案立现

题目25～34 答案

题目35 对杀技巧（黑先）

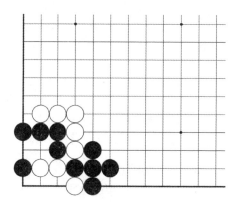

题目36 对杀技巧（黑先）

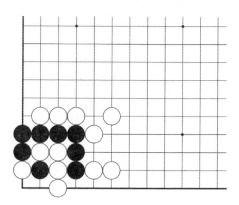

题目37 对杀技巧（黑先）

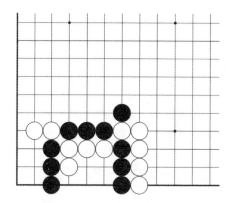

题目38 对杀技巧（黑先）

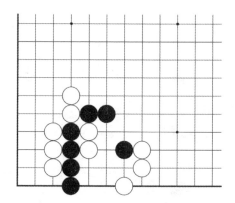

题目39 对杀技巧（黑先）

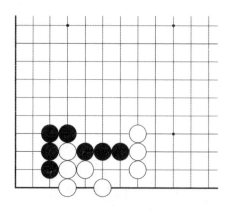

题目40 对杀技巧（黑先）

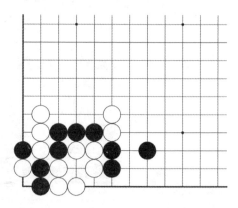

题目41 对杀技巧（黑先）

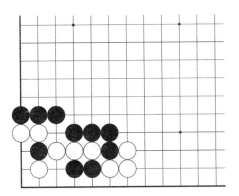

题目42 对杀技巧（黑先）

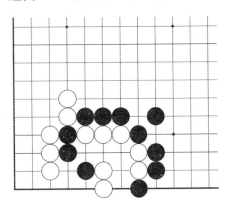

题目43 对杀技巧（黑先）

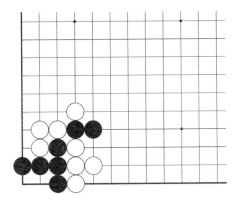

题目44 对杀技巧（黑先）

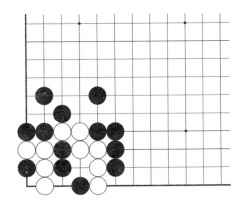

扫一扫
答案立现

题目35～44 答案

题目45 对杀技巧（黑先）

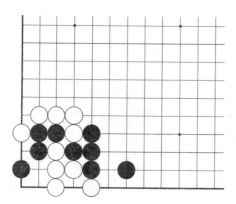

题目46 对杀技巧（黑先）

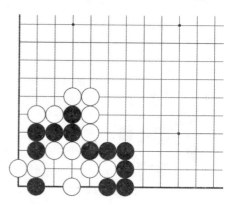

题目47 对杀技巧（黑先）

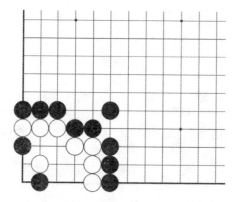

题目48 对杀技巧（黑先）

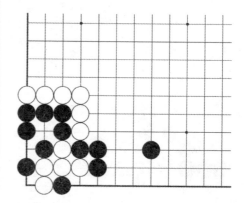

题目49 对杀技巧（黑先）

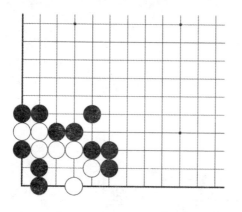

题目50 对杀技巧（黑先）

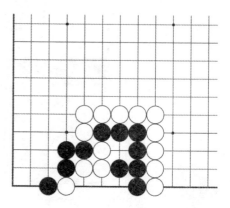

题目51 对杀技巧（黑先）

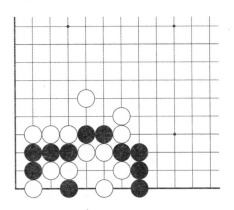

题目52 对杀技巧（黑先）

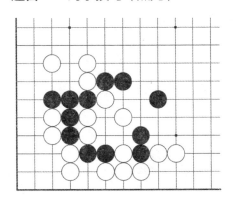

题目53 对杀技巧（黑先）

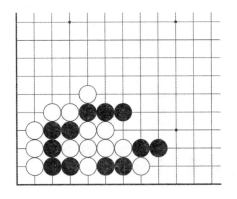

题目54 对杀技巧（黑先）

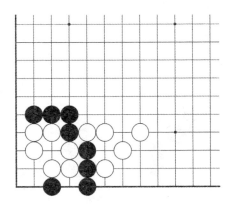

扫一扫
答案立现

题目45～54 答案

题目55 对杀技巧（黑先）

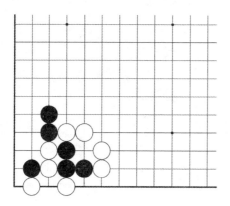

题目56 对杀技巧（黑先）

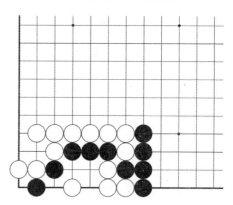

题目57 对杀技巧（黑先）

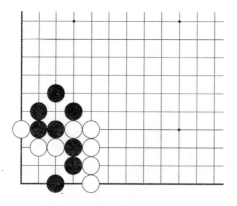

题目58 对杀技巧（黑先）

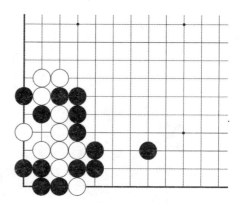

题目59 对杀技巧（黑先）

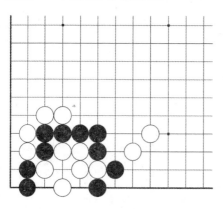

题目60 对杀技巧（黑先）

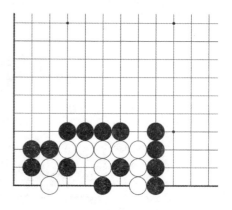

题目61 对杀技巧（黑先）

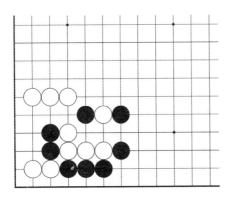

题目62 对杀技巧（黑先）

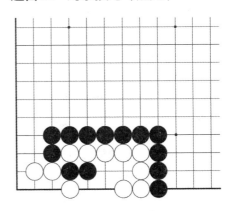

题目63 对杀技巧（黑先）

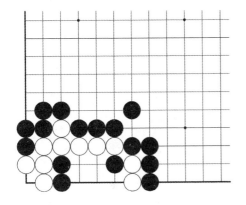

题目64 对杀技巧（黑先）

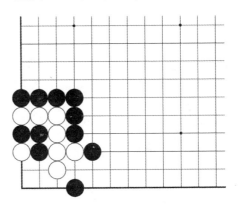

扫一扫
答案立现

题目55～64 答案

题目65 对杀技巧（黑先）

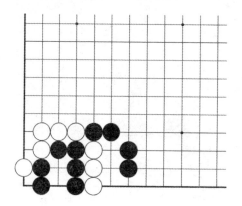

题目66 对杀技巧（黑先）

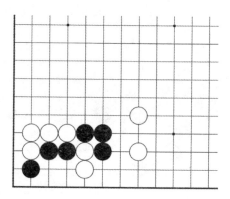

题目67 对杀技巧（黑先）

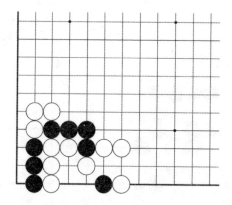

题目68 对杀技巧（黑先）

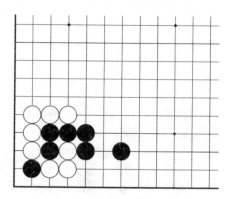

题目69 对杀技巧（黑先）

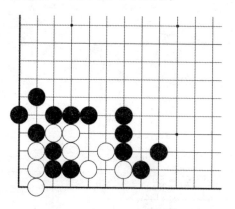

题目70 对杀技巧（黑先）

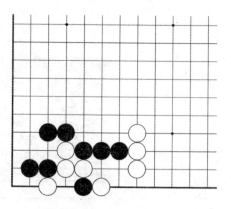

题目71 对杀技巧（黑先）

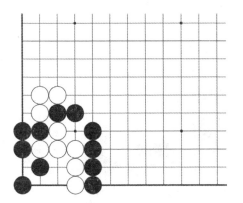

题目72 对杀技巧（黑先）

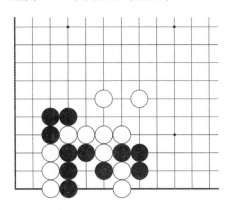

题目73 对杀技巧（黑先）

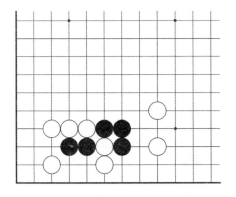

题目74 对杀技巧（黑先）

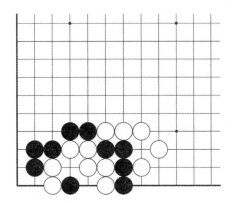

扫一扫
答案立现

题目65～74 答案

题目75　对杀技巧（黑先）

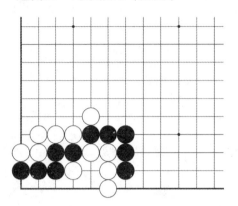

题目76　对杀技巧（黑先）

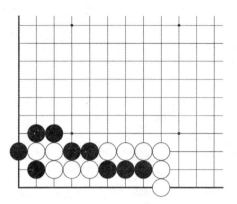

题目77　对杀技巧（黑先）

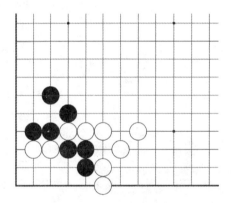

题目78　对杀技巧（黑先）

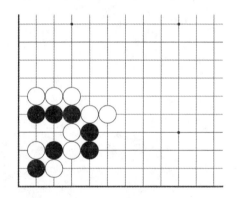

题目79　对杀技巧（黑先）

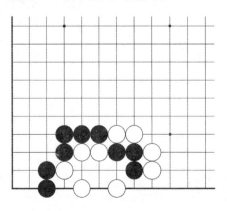

题目80　对杀技巧（黑先）

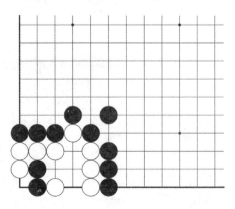

题目81 对杀技巧（黑先）

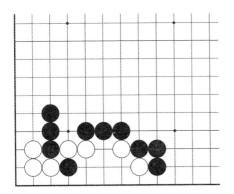

题目82 对杀技巧（黑先）

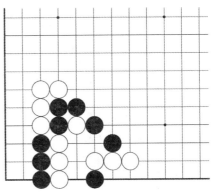

题目03 对杀技巧（黑先）

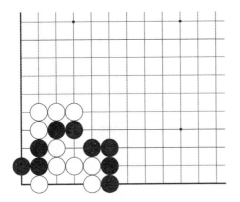

题目84 对杀技巧（黑先）

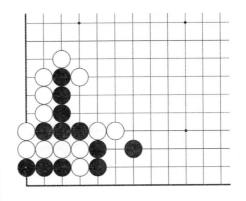

扫一扫
答案立现

题目75～84 答案

题目85　对杀技巧（黑先）

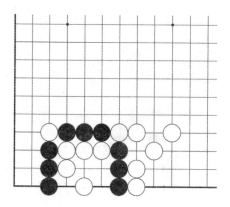

题目86　对杀技巧（黑先）

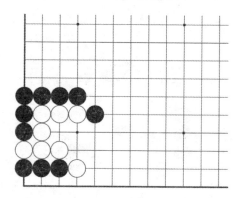

题目87　对杀技巧（黑先）

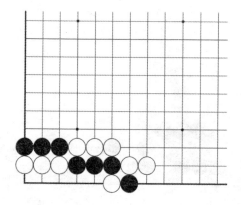

题目88　对杀技巧（黑先）

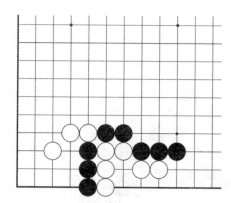

题目89　对杀技巧（黑先）

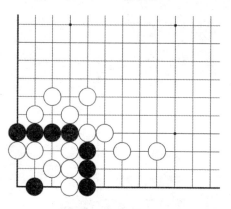

题目90　对杀技巧（黑先）

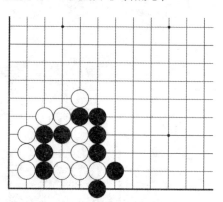

题目91 对杀技巧（黑先）

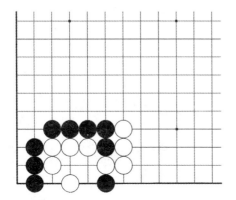

题目92 对杀技巧（黑先）

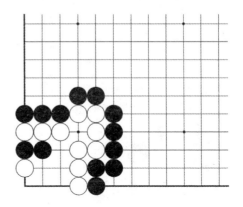

题目93 对杀技巧（黑先）

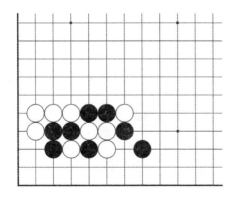

题目94 对杀技巧（黑先）

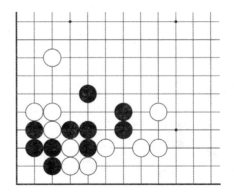

扫一扫
答案立现

题目85～94 答案

题目95 对杀技巧（黑先）

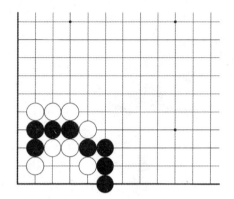

题目96 对杀技巧（黑先）

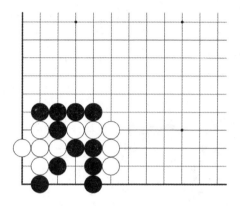

题目97 对杀技巧（黑先）

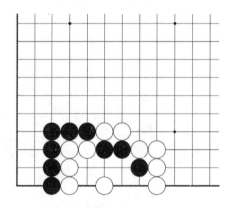

题目98 对杀技巧（黑先）

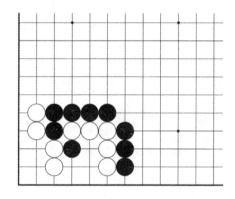

题目99 对杀技巧（黑先）

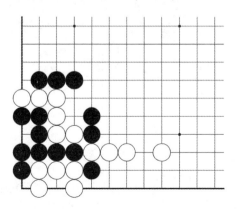

题目100 对杀技巧（黑先）

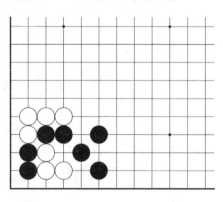

题目101 对杀技巧（黑先）

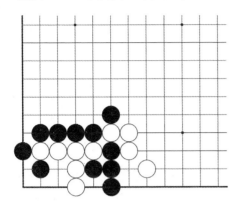

题目102 对杀技巧（黑先）

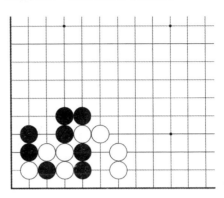

题目103 对杀技巧（黑先）

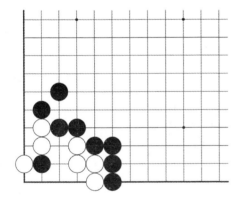

题目104 对杀技巧（黑先）

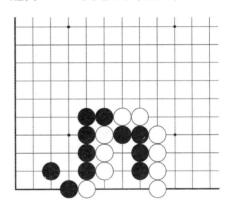

扫一扫
答案立现

题目95～104 答案

题目105 对杀技巧（黑先）

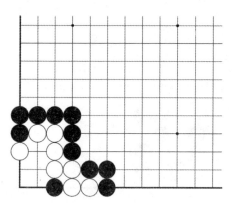

题目106 对杀技巧（黑先）

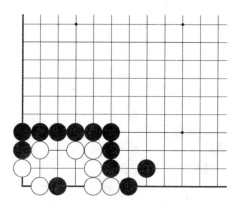

题目107 对杀技巧（黑先）

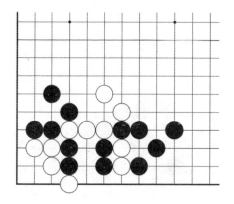

题目108 对杀技巧（黑先）

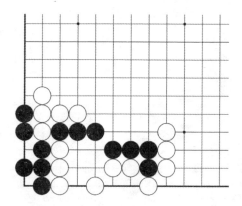

题目109 对杀技巧（黑先）

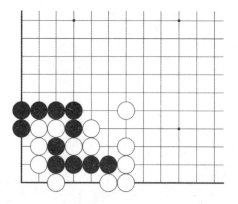

题目110 对杀技巧（黑先）

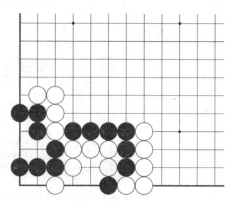

题目111 对杀技巧（黑先）

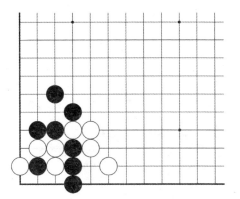

题目112 对杀技巧（黑先）

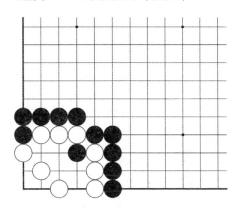

题目113 对杀技巧（黑先）

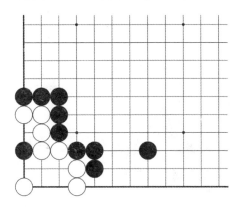

题目114 对杀技巧（黑先）

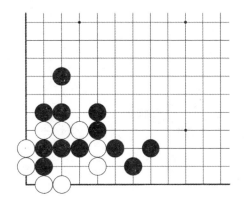

扫一扫
答案立现

题目105～114 答案

题目115 对杀技巧（黑先）

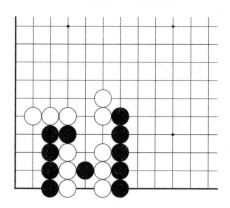

题目116 对杀技巧（黑先）

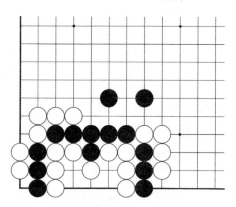

题目117 对杀技巧（黑先）

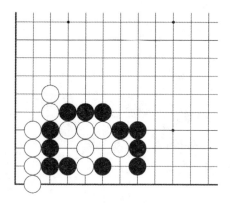

题目118 对杀技巧（黑先）

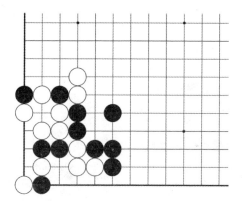

题目119 对杀技巧（黑先）

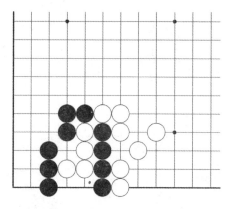

题目120 对杀技巧（黑先）

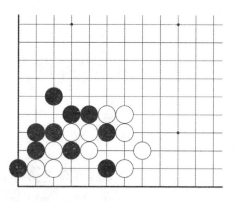

题目121 对杀技巧（黑先）

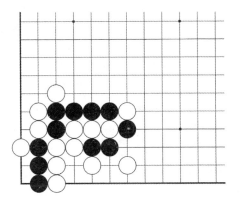

题目122 对杀技巧（黑先）

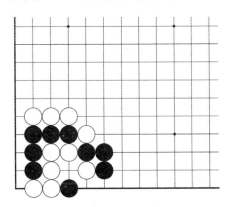

题目123 对杀技巧（黑先）

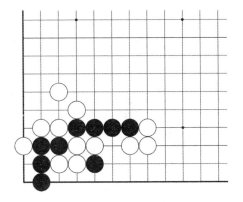

题目124 对杀技巧（黑先）

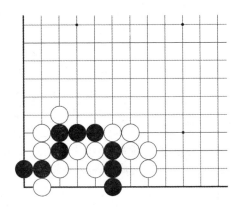

扫一扫
答案立现

题目115～124 答案

题目125 对杀技巧（黑先）

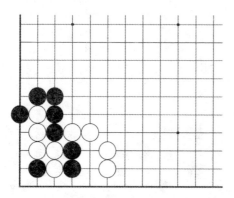

题目126 对杀技巧（黑先）

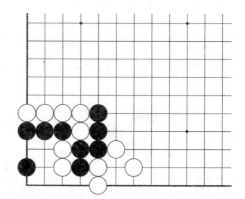

题目127 对杀技巧（黑先）

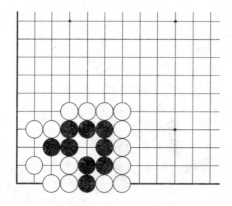

题目128 对杀技巧（黑先）

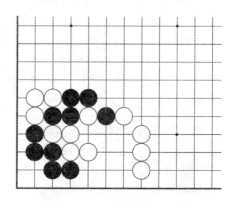

题目129 对杀技巧（黑先）

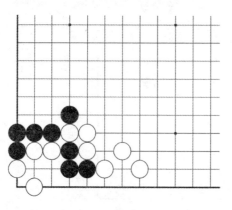

题目130 对杀技巧（黑先）

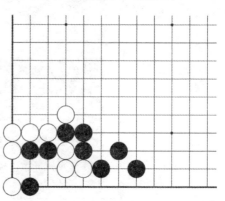

题目131 对杀技巧（黑先）

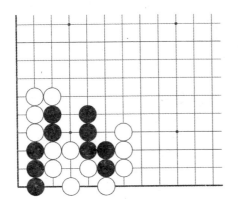

题目132 对杀技巧（黑先）

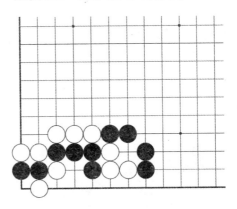

题目133 对杀技巧（黑先）

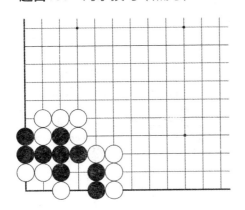

题目134 对杀技巧（黑先）

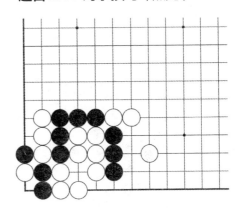

扫一扫
答案立现

题目125～134 答案

题目135 对杀技巧（黑先）

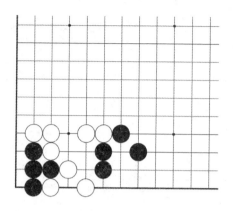

题目136 对杀技巧（黑先）

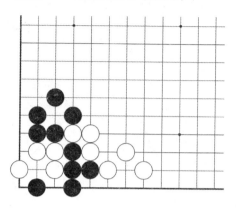

题目137 对杀技巧（黑先）

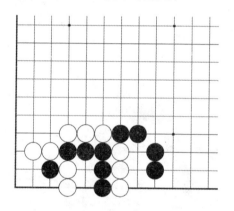

题目138 对杀技巧（黑先）

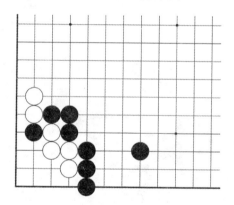

题目139 对杀技巧（黑先）

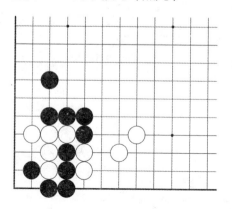

题目140 对杀技巧（黑先）

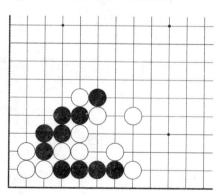

题目141　对杀技巧（黑先）

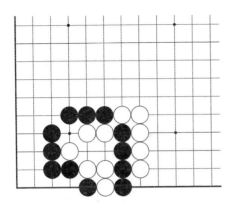

题目142　对杀技巧（黑先）

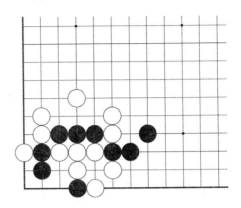

题目143　对杀技巧（黑先）

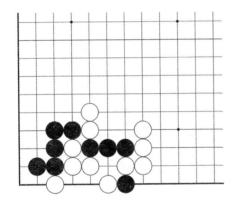

题目144　对杀技巧（黑先）

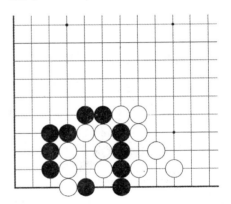

扫一扫
答案立现

题目135～144 答案

题目145 对杀技巧（黑先）

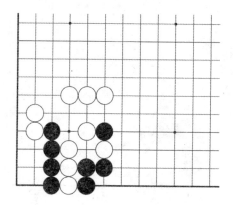

题目146 对杀技巧（黑先）

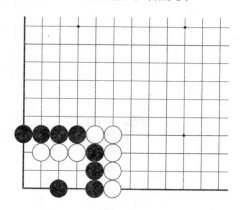

题目147 对杀技巧（黑先）

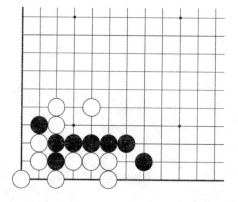

题目148 对杀技巧（黑先）

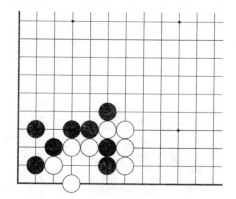

题目149 对杀技巧（黑先）

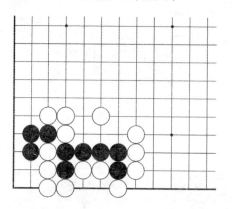

题目150 对杀技巧（黑先）

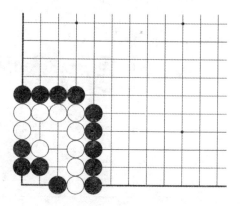

题目151 对杀技巧（黑先）

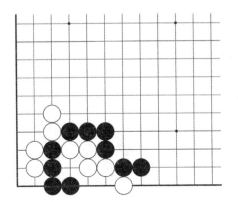

题目152 对杀技巧（黑先）

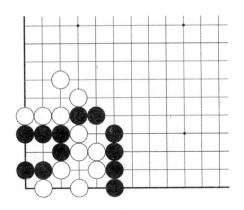

题目153 对杀技巧（黑先）

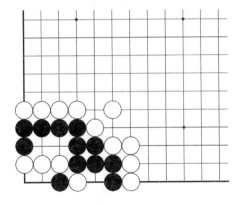

题目154 对杀技巧（黑先）

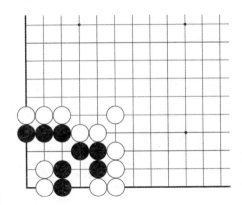

扫一扫
答案立现

题目145～154 答案

题目155　对杀技巧（黑先）

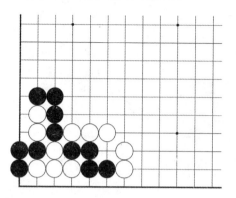

题目156　对杀技巧（黑先）

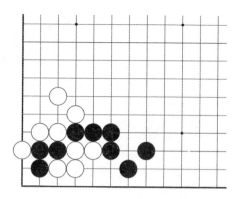

题目157　对杀技巧（黑先）

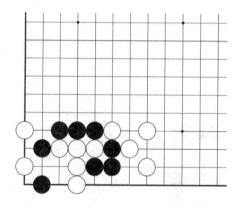

题目158　对杀技巧（黑先）

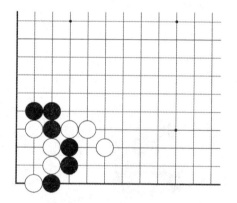

题目159　对杀技巧（黑先）

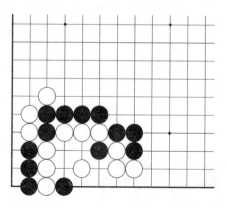

题目160　对杀技巧（黑先）

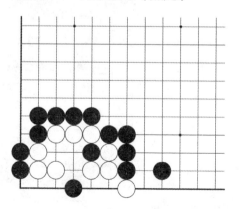

题目161 对杀技巧（黑先）

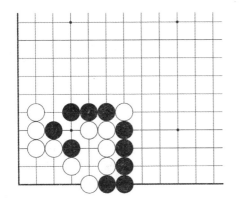

题目162 对杀技巧（黑先）

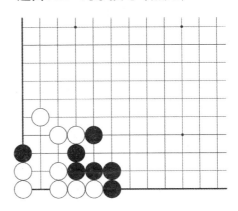

题目163 对杀技巧（黑先）

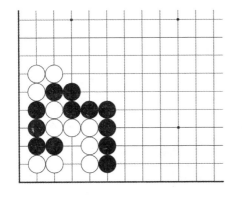

题目164 对杀技巧（黑先）

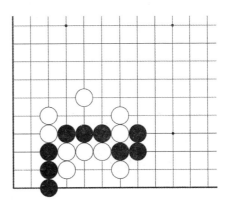

扫一扫
答案立现

题目155～164 答案

题目165 对杀技巧（黑先）

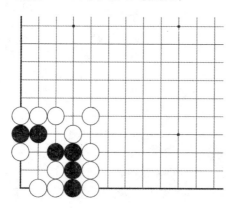

题目166 对杀技巧（黑先）

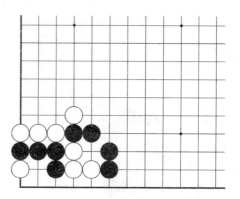

题目167 对杀技巧（黑先）

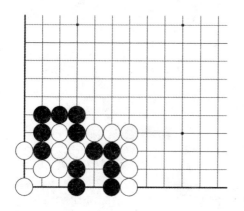

题目168 对杀技巧（黑先）

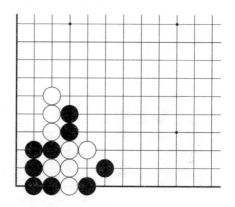

题目169 对杀技巧（黑先）

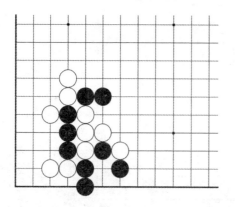

题目170 对杀技巧（黑先）

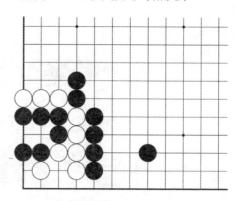

题目171 对杀技巧（黑先）

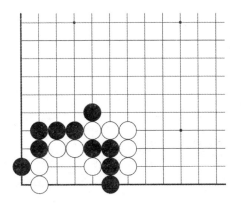

题目172 对杀技巧（黑先）

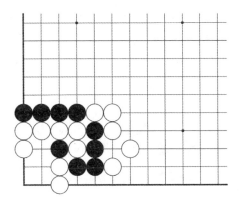

题目173 对杀技巧（黑先）

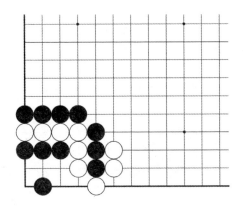

题目174 对杀技巧（黑先）

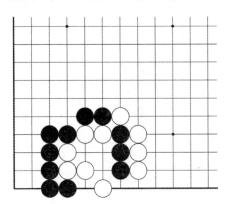

扫一扫
答案立现

题目165～174 答案

题目175　对杀技巧（黑先）

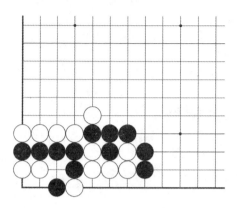

题目176　对杀技巧（黑先）

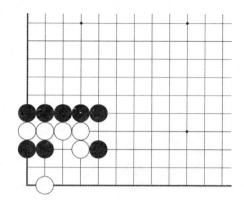

题目177　对杀技巧（黑先）

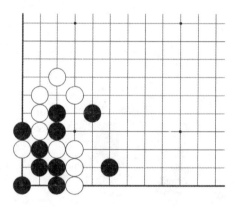

题目178　对杀技巧（黑先）

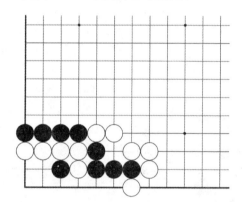

题目179　对杀技巧（黑先）

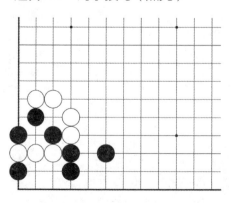

题目180　对杀技巧（黑先）

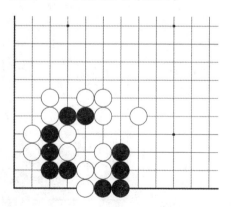

题目181 对杀技巧（黑先）

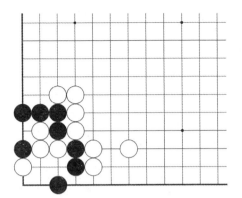

题目182 对杀技巧（黑先）

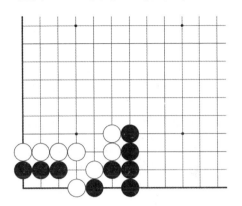

题目183 对杀技巧（黑先）

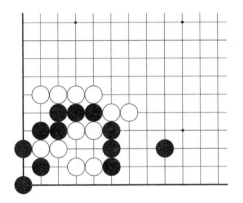

题目184 对杀技巧（黑先）

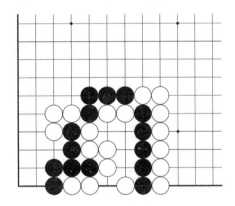

扫一扫
答案立现

题目175～184 答案

题目185 对杀技巧（黑先）

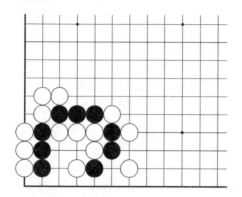

题目186 对杀技巧（黑先）

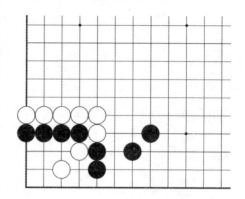

题目187 对杀技巧（黑先）

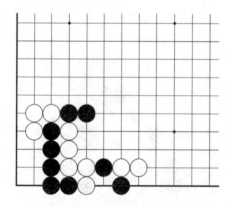

题目188 对杀技巧（黑先）

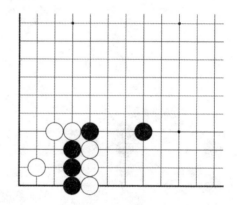

题目189 对杀技巧（黑先）

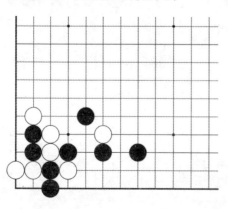

题目190 对杀技巧（黑先）

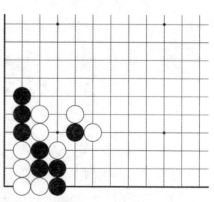

题目191 对杀技巧（黑先）

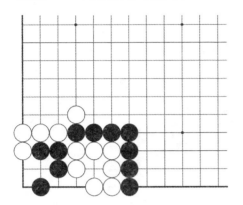

题目192 对杀技巧（黑先）

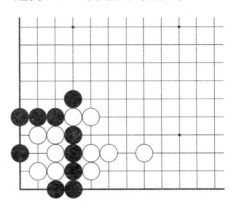

题目193 对杀技巧（黑先）

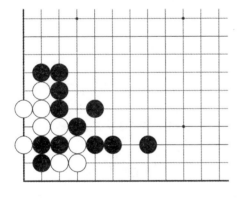

题目194 对杀技巧（黑先）

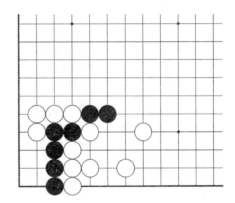

扫一扫
答案立现

题目185~194 答案

题目195　对杀技巧（黑先）

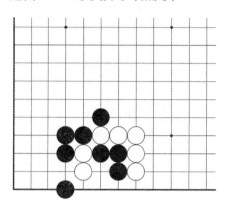

题目196　对杀技巧（黑先）

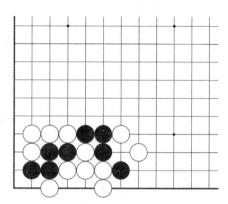

题目197　对杀技巧（黑先）

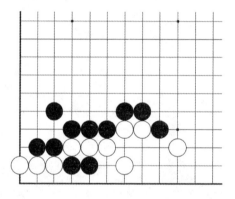

题目198　对杀技巧（黑先）

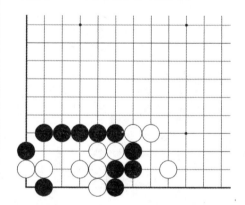

题目199　对杀技巧（黑先）

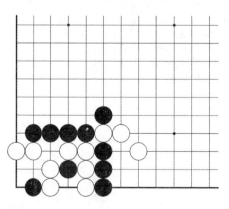

题目200　对杀技巧（黑先）

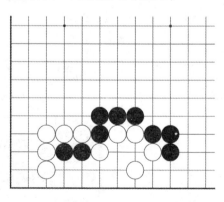

题目201　对杀技巧（黑先）

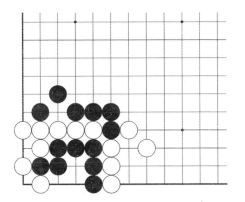

题目202　对杀技巧（黑先）

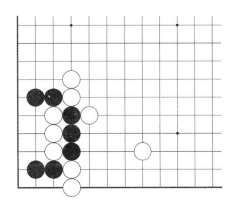

题目203　对杀技巧（黑先）

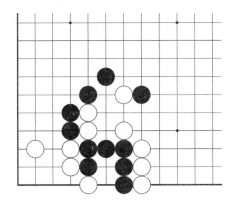

题目204　对杀技巧（黑先）

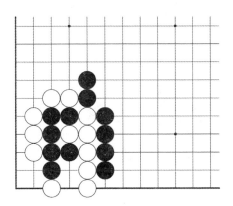

扫一扫
答案立现

题目195～204　答案

题目205 对杀技巧（黑先）

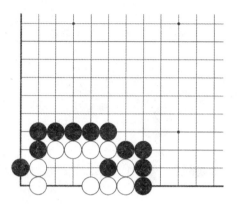

题目206 对杀技巧（黑先）

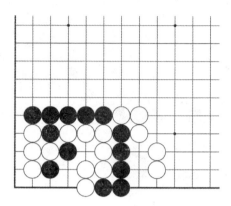

题目207 对杀技巧（黑先）

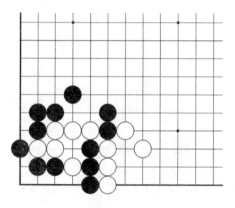

题目208 对杀技巧（黑先）

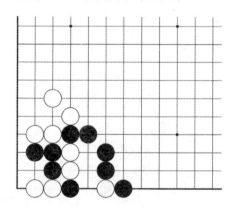

题目209 对杀技巧（黑先）

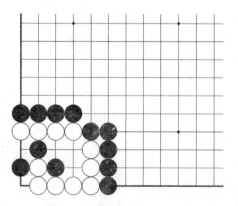

题目210 对杀技巧（黑先）

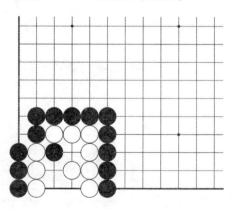

题目211 对杀技巧（黑先）

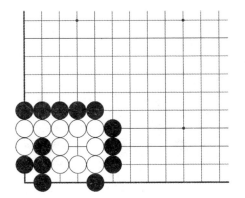

题目212 对杀技巧（黑先）

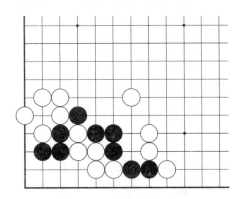

题目213 对杀技巧（黑先）

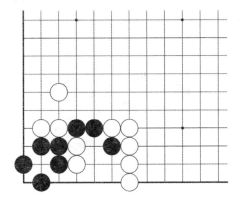

题目214 对杀技巧（黑先）

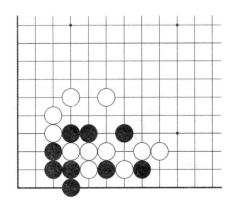

扫一扫
答案立现

题目205～214 答案

题目215 对杀技巧（黑先）

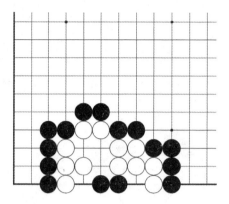

题目216 对杀技巧（黑先）

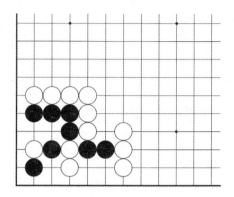

题目217 对杀技巧（黑先）

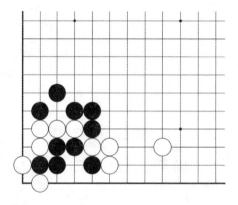

题目218 对杀技巧（黑先）

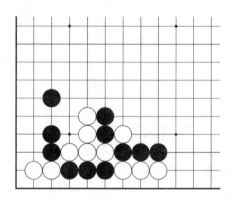

题目219 对杀技巧（黑先）

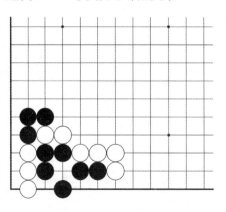

题目220 对杀技巧（黑先）

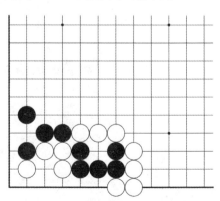

题目221 对杀技巧（黑先）

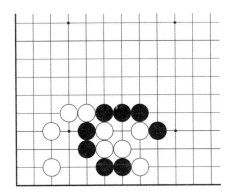

题目222 对杀技巧（黑先）

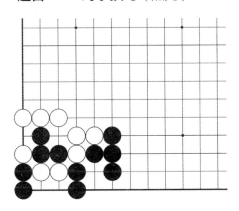

题目223 对杀技巧（黑先）

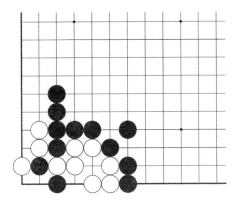

题目224 对杀技巧（黑先）

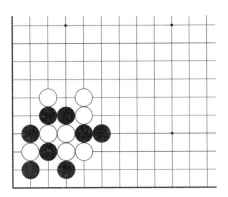

扫一扫
答案立现

题目215～224 答案

题目225　对杀技巧（黑先）

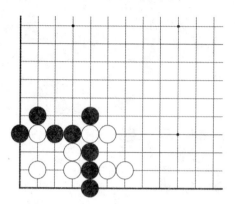

题目226　对杀技巧（黑先）

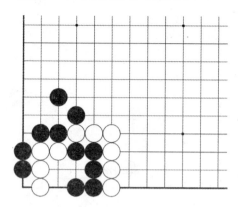

题目227　对杀技巧（黑先）

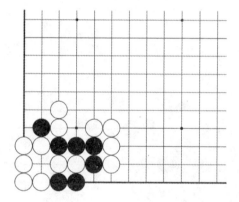

题目228　对杀技巧（黑先）

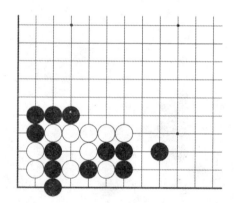

题目229　对杀技巧（黑先）

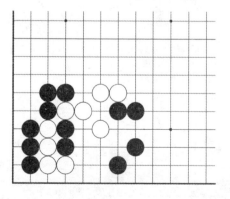

题目230　对杀技巧（黑先）

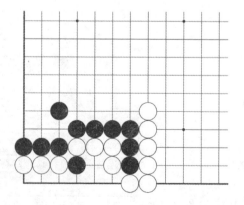

题目231 对杀技巧（黑先）

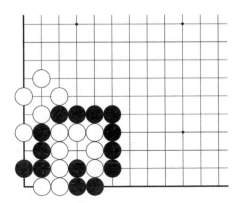

题目232 对杀技巧（黑先）

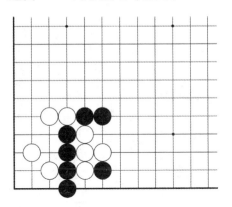

题目233 对杀技巧（黑先）

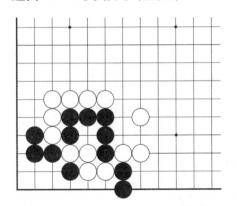

题目234 对杀技巧（黑先）

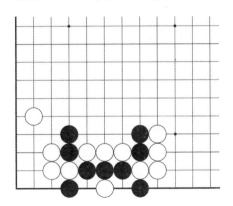

扫一扫
答案立现

题目225～234 答案

题目235 对杀技巧（黑先）

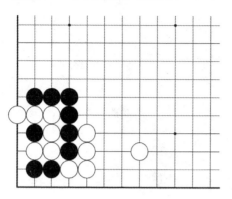

题目236 对杀技巧（黑先）

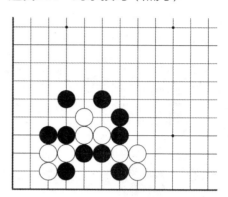

题目237 对杀技巧（黑先）

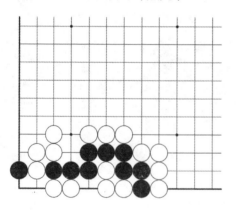

题目238 对杀技巧（黑先）

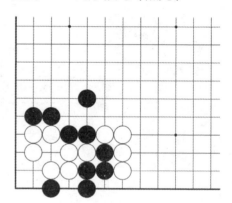

题目239 对杀技巧（黑先）

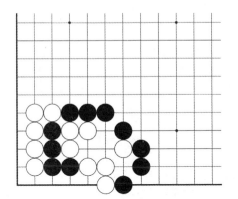

题目240 对杀技巧（黑先）

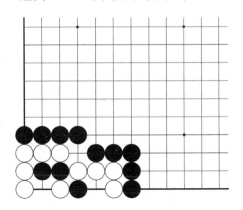

扫一扫
答案立现

题目235～240 答案

参考文献

[1] 金茜倩. 金老师教你巧学围棋--围棋入门1[M]. 北京：化学工业出版社，2018.

[2] 胡晓苓. 新编围棋教学习题册[M]. 天津：天津科学技术出版社，2014.

[3] 宋建文. 围棋吃子技巧习题集[M]. 沈阳：辽宁科学技术出版社，2017.

[4] 宋建文. 围棋入门精练1500题 基础篇[M]. 北京：化学工业出版社，2022.